GABRIEL RICHAULT

HISTOIRE

DE

CHINON

PARIS

JOUVE & Cie

ÉDITEURS

15, rue Racine

1912

HISTOIRE DE CHINON

CHINON EN 1840

HISTOIRE

DE

CHINON

PAR

GABRIEL RICHAULT

AVOCAT

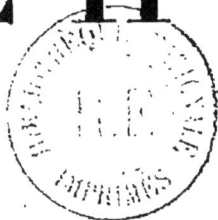

PARIS

JOUVE ET Cie, ÉDITEURS

15, RUE RACINE, 15

1912

AVANT-PROPOS

Chinon eut un passé mouvementé et glorieux.

De grands événements se sont accomplis ou préparés dans ce petit coin de terre qui fut souvent le séjour des rois.

C'est ce qui fait l'attrait d'un travail de ce genre, et c'est aussi ce qui en fait la difficulté, tant l'occasion est fréquente et la tentation forte de se perdre dans cette vaste épopée qu'est l'Histoire de France.

L'inconvénient n'est pas moindre de s'attacher trop exclusivement à des faits d'un intérêt médiocre, et d'exagérer leur importance par cela seul qu'ils se sont passés dans la région à laquelle l'auteur a limité ses recherches.

J'ai cherché à éviter ce double écueil, et à donner à chaque fait le relief qui lui convient, de manière à ce que ce livre, de proportions modestes, fût cependant complet, précis et clair. J'aurais voulu lui donner en outre l'intérêt, le mouvement, la vie. J'espère que le lecteur me saura gré tout au moins de l'intention et de l'effort.

G. R.

HISTOIRE DE CHINON

LES ÉVÊQUES ET LES COMTES

CHAPITRE PREMIER

Ancienneté de Chinon. — Les camps de Turpenay et de Cinais. — Saint Brice, archevêque de Tours, fait construire la première église de Chinon. — Le monastère de Saint-Mexme et son fondateur. — Siège du château par Egidius Afranius, chef des milices romaines, au v⁵ siècle. — La reine Radegonde à Chinon. — La chapelle et le prieuré de Saint-Louans. — Une colonie de Maures fugitifs s'établit à demeure dans le Véron après la victoire de Charles-Martel sur l'émir Abdérame au lieu dit « les Landes de Charlemagne ». — Les premières digues de la Loire construites par Louis le Débonnaire.

On ne connaît rien de précis sur Chinon avant le v⁵ siècle. La région chinonaise formait la partie occidentale du pays des Turons. Le nom primitif de Caïno, qui nous a été transmis par les anciens chroniqueurs, semble d'origine celte, et a exercé la sagacité des étymologistes, que Rabelais plaisante agréablement lorsqu'il attribue la fondation de la ville à Caïn.

Les ruines d'anciens monuments trouvées à Chinon dans l'enceinte de la ville et sur l'esplanade du château ne permettent pas de douter qu'il y ait eu là, dès l'époque gallo-romaine, une importante agglomération protégée par des défenses permanentes.

On trouve les vestiges d'un petit camp datant de l'occupation romaine à seize kilomètres à l'est de Chinon, dans la forêt, près d'une source ferrugineuse dont l'eau couleur de sang se déverse dans le petit étang de Turpenay [1].

A six kilomètres à l'ouest, sur un plateau au-dessus du village de Cinais, on remarque l'enceinte d'un autre camp, beaucoup plus vaste, qui, depuis un temps immémorial, s'appelle le Camp-des-Romains. C'est un lieu inculte et désolé, couvert de maigres bruyères et d'ajoncs rampants, semé de gros blocs de rochers grisâtres dont quelques-uns à vague apparence humaine semblent les têtes suppliciées de géants qu'on aurait enterrés vivants et debout jusqu'aux épaules.

Ce camp, d'une longueur d'un millier de pas sur une largeur moyenne de trois ou quatre cents, fut sans doute utilisé par les Romains, mais il est très

---

1. Bélisaire Ledain, *Des Camps romains ou chasteliers* (*Mémoires de la Société des Antiquaires de l'Ouest*, 1884, t. VII, p. 514). Ces camps n'étaient que des postes de police, occupés par des légionnaires des régions limitrophes de l'Europe et de l'Asie, Sarmates, Teifales, à qui l'Empire concédait des terres pour eux et leurs familles, à charge de veiller à la sécurité du territoire confié à leur garde.

probable qu'il y avait là bien antérieurement un camp gaulois.

Au moment des invasions qui précipitèrent la ruine de l'Empire, toute la Gaule était déjà chrétienne et les évêques, le plus souvent, réussirent à imposer aux nouveaux maîtres une modération relative.

Saint Martin, évêque de Tours, s'était acquis une prestigieuse renommée. Il mourut à Candes, à quatre lieues de Chinon, le 11 novembre de l'an 400.

Une compétition singulière s'éleva entre les ecclésiastiques poitevins qui revendiquaient son corps, parce qu'il avait été le fondateur du monastère de Ligugé près Poitiers, et les clercs de Touraine dont il avait été l'évêque. Ceux-ci amenèrent la nuit une barque sur la Vienne, au-dessous de la salle où le corps était exposé et réussirent à l'enlever; puis, gagnant la Loire à force de rames, ils remontèrent jusqu'à Tours où se fit l'inhumation.

Dans les premières années du v⁰ siècle, saint Brice, son successeur au siège archiépiscopal, fit édifier à Chinon, sur le versant du coteau, une chapelle qu'il consacra à saint Martin et qui fut la première église de la ville [1].

1. Chalmel, *Hist. de Touraine*, t. I.

Quelques années plus tard, un autre disciple de saint Martin, saint Mexme, qui déjà avait fondé un monastère aux environs de Lyon, se retira à Chinon pour y établir un couvent de moines cloîtrés dont il fut le premier abbé [1].

L'église collégiale de Saint-Mexme reconstruite à la fin du xie siècle est aujourd'hui inutilisée et presque complètement ruinée.

Le voisinage d'une abbaye était alors une garantie de sécurité et la population de Chinon s'accrut au point que saint Mexme dut bientôt faire construire une nouvelle église qu'il dédia à saint Étienne.

Vers le milieu du ve siècle, le château de Chinon fut assiégé par Gilles Egidius Afranius, patricien gaulois, chef des milices romaines dans les Gaules [2].

On croit généralement qu'Egidius cherchait à reprendre la ville et le château sur les Visigoths qui, maîtres de la partie méridionale des Gaules, poussaient leurs incursions jusqu'à la Loire. Cet événement aurait eu lieu vers l'an 462.

Les habitants et les moines de Saint-Mexme se réfugièrent dans le château et se défendirent vaillamment. Toujours est-il qu'Egidius fut contraint de lever le siège.

1. Chalmel, *Hist. de Touraine*, t. I. — Dumoustier, *Essai sur l'Hist. de la ville de Chinon.*
2. Il eut pour fils Egidius Syagrius, qui lui succéda dans son commandement et qui fut **tué par Clovis.**

Il avait pourtant réussi à couper les conduites d'eau qui alimentaient les citernes, et la population était réduite aux pires extrémités, lorsqu'une pluie torrentielle, qu'une légende attribue aux prières de saint Mexme, réconforta les assiégés en les délivrant des appréhensions de la soif.

D'après une autre opinion, la ville était défendue, non par les Visigoths, mais par les forces de diverses tribus révoltées contre Rome qui avaient formé avec les Turons le *Tractus Armoricanus*, et le siège aurait eu lieu quelques années plus tôt [1].

Il est certain que Mexme, qui avait été disciple de saint Martin, eût été bien vieux en 462, mais l'histoire de ce pieux personnage est mêlée d'un si grand nombre de légendes qu'on ne peut guère en faire état comme point de repère chronologique. D'autre part, il est assez invraisemblable que les habitants de Chinon, qui étaient chrétiens, aient fait cause commune avec les Visigoths, ariens, contre le commandant gaulois des milices romaines.

Vers l'an 476 seulement, les Visigoths avaient fini par se rendre maîtres de la Touraine qui resta incorporée à leur royaume d'Aquitaine jusqu'à la bataille

---

1. Comparer : Chalmel, *Hist. de Touraine*, t. I. — Mabille, *Notice sur les divisions territoriales et la topographie de l'ancienne province de Touraine*. Je crois la date de 462 approximativement exacte, car, à cette époque, Egidius Afranius eut à réprimer une rébellion des tribus franques du nord, ce qui expliquerait d'une manière très naturelle qu'il ait levé le siège de Chinon pour se porter dans le nord de la Gaule.

de Vouillé en 507, où Clovis tua de sa main leur roi
Alaric et faillit être tué lui-même.

Sous le règne de Clotaire, fils de Clovis, vivait à
Chinon, dans une grotte du coteau, au-dessus de
Saint-Mexme, un moine du nom de Jean dont la
réputation de sainteté s'étendait si loin que la
reine Radegonde, femme de Clotaire, lorsqu'elle eut
quitté son mari pour prendre le voile, vint à Chinon solliciter les prières et les conseils du pieux
ermite. Elle séjourna à Chinon à deux reprises, et
s'y fit aménager un oratoire près de la cellule du
moine Jean. Elle avait établi sa résidence à Saix, en
Poitou, près de la petite rivière de Dive, à six lieues
à l'ouest de Chinon, dans un vaste domaine, ancienne
colonie du fisc impérial, que le roi Clotaire lui avait
donné. C'est là que, pendant deux ans, elle prépara
la fondation et les statuts de la célèbre abbaye de
Sainte-Croix à Poitiers. Elle resta pendant ce temps
en relations avec l'ermite Jean, vers qui elle envoyait sa confidente Fridovigie pour recevoir ses
instructions [1].

Lorsque le moine Jean mourut, à un âge très
avancé, il voulut être enseveli dans la grotte dont la
reine avait fait son oratoire. Son tombeau fut détruit
pendant les guerres de religion. On y trouva, paraît-

1. Dom Chamard, *Histoire ecclésiastique du Poitou* (*Antiquaires de l'Ouest*, 1878-1879, p. 220 et s.).

il, son squelette garni d'une ceinture à pointes de fer.
Cette grotte, transformée en chapelle, a été restaurée
au siècle dernier. On y accède par un étroit sentier
en corniche qui, à cent pieds au-dessus des toits,
s'accroche aux sinuosités d'une falaise crayeuse,
trouée de caves et de carrières.

A la mort de Clotaire, Chinon et la Touraine
firent partie de l'apanage de Sigebert, époux de
l'infortunée Brunehaut. L'histoire des derniers Méro-
vingiens n'est plus qu'une suite ininterrompue d'hor-
reurs et de calamités. L'Église, qui est la seule force
organisée, voit croître chaque jour sa richesse et sa
puissance.

On doit reconnaître qu'elle en usait bien. Sans
doute, les évêques étaient obligés de ménager ces
rois luxurieux et sanguinaires encore trop près de
la barbarie pour être sûrs. Mais, d'autre part, rois
et seigneurs comptaient avec la puissance morale
de l'Église, et sans elle le mal des peuples eût été
pire.

Pendant cette époque obscure et violente, qui vit
se généraliser l'institution féodale, les archevêques
de Tours furent les premiers seigneurs de Chinon
et il s'établit plus tard un *modus vivendi* entre eux
et les comtes de Touraine, pour l'exercice en com-
mun de la puissance seigneuriale.

Dans le cours du VIIIᵉ siècle un anachorète du nom de Louans vivait dans une grotte à un mille environ à l'ouest de la ville. A sa mort, les fidèles édifièrent sur son tombeau une chapelle autour de laquelle se groupèrent quelques habitations. Au xᵉ siècle Thibault le Tricheur, comte de Blois et de Tours et seigneur de Chinon, y installa des moines qu'il fit venir du monastère de Saint-Florent de Saumur et fonda le prieuré de Saint-Louans qui devait subsister jusqu'à la Révolution [1].

En l'an 732, la formidable invasion des Maures vint se briser en Touraine contre les armées de Charles-Martel et de Eudes, duc d'Aquitaine. Le choc décisif qui mit aux prises, pendant trois jours, plusieurs centaines de milliers d'hommes se produisit en octobre, à dix lieues de Chinon, entre l'Indre et le Cher, dans une plaine que l'on appelle encore les Landes de Charlemagne, par suite de la confusion qui s'est établie plus tard dans l'imagination populaire, entre Charles-Martel et le grand empereur.

De nombreux fuyards avec leurs femmes et leurs enfants se rassemblèrent dans les forêts et les marécages qui séparent l'Indre de la Vienne, puis, descendant la vallée de l'Indre, se trouvèrent bientôt renfermés par la Loire et la Vienne dans la pres-

1. Dom Housseau, Manuscrits, Bibl. nat., t. I, nᵒ 225.

qu'île du Véron, où ils s'établirent à demeure,
oubliés ou épargnés par les vainqueurs. On retrouve
encore dans le Véron certains noms à consonnance
gutturale et des signes ethniques caractéristiques
qui témoignent d'une parenté lointaine des habitants avec les soldats du Calife [1].

Ce fut pour préserver ces riches vallées toujours
exposées aux inondations, que Louis le Débonnaire
fit construire les premières digues au long des rives
de la Loire.

1. Chalmel, t. I.

CHAPITRE II

Thibault le Tricheur fait reconstruire le château de Chinon.
— Il reste neutre dans une guerre entre le roi Lothaire et
Guillaume Tête d'Étoupe, comte de Poitiers. — Bataille de
Bourgueil, vers 955. — La fille de Thibault, Emma, dame
de Chinon, comtesse de Poitiers. — Longue période de
guerres entre les comtes d'Anjou et les comtes de Touraine. — Victoire définitive des comtes d'Anjou. — D'illustres captifs sont renfermés au château de Chinon. —
Puissance de Geoffroy Plantagenet ; il réduit à l'obéissance le seigneur de l'Isle-Bouchard. — Rivalité et conflit
entre ses deux enfants, Henri Plantagenet et Geoffroy
d'Anjou. — Celui-ci est dépossédé des châteaux de Chinon, Loudun et Mirebeau. — Les premiers gouverneurs du
château. — Accroissement de la ville. — Les premières
abbayes du Chinonais.

Les historiens ne sont pas d'accord sur l'origine
de Thibault le Tricheur, comte de Blois, de Tours et
de Chartres et seigneur de Chinon. Il était, d'après
les uns, de race normande. D'autres le font des-
cendre d'une fille de Robert le Fort, mariée à un
certain Thibault de Champagne [1].

C'est lui qui, vers 950, fit reconstruire le château
de Chinon. Une partie de son œuvre subsiste encore,
notamment, sur la face sud, une tour carrée et son
escarpe.

1. Chalmel, t. I.

Thibault resta neutre dans une guerre qui éclata vers 955 entre le roi de France Lothaire, et le comte de Poitiers Guillaume Tête d'Étoupe. Hugues le Grand, père de Hugues Capet, vint avec le roi Lothaire mettre le siège devant Poitiers.

Guillaume résista victorieusement. Lothaire et Hugues le Grand levèrent le siège ; mais par des feintes habiles surent attirer à leur suite le comte de Poitiers en se retirant vers le nord.

Ils passèrent ainsi, et les Poitevins après eux, la Vienne en aval de Chinon, très probablement au lieu dit « la Chaussée », et la Loire vers **Port-Boulet**. Arrivés dans la plaine de Bourgueil, au nord de la Loire et à quatre lieues de Chinon, le roi et Hugues le Grand firent brusquement volte-face et attaquèrent le comte de Poitiers, qui, obligé de livrer bataille malencontreusement adossé à la Loire, fut complètement défait [1].

Thibault mourut très vieux vers 978.

De sa femme Leutgarde, fille de **Herbert** comte de

---

[1]. La plupart des historiens rapportent un événement identique qui se serait produit, avec les mêmes péripéties, au cours d'une guerre entre Hugues Capet et Guillaume Fier à Bras, comte de Poitiers, vers 990. C'est là une erreur évidente provoquée par la similitude des noms. Il n'y eut pas de guerre entre Hugues Capet et Guillaume Fier à Bras qui d'ailleurs était son beau-frère. Comparer : Dom Bouquet, t. IX, p. 10 et 145. — Labbe, *Nova Bibliotheca*, t. II, p. 167. — Besly, *Hist. des comtes du Poitou*. Niort. 1640. — Velly, *Hist. de France*, 1755. — Léon Palustre, *Hist. de Guillaume IX, duc d'Aquitaine* (*Antiquaires de l'Ouest*, t. III, 1880). — Alfred Richard, *Hist. des comtes du Poitou*, 1903, t. I. — Lavisse, *Hist. de France*, t. II et aussi Richer, *Historiarum Libri IV*.

Vermandois, il eut plusieurs enfants, parmi lesquels Emma qui avait épousé, vers 957, Guillaume Fier à Bras, comte de Poitiers, fils de Guillaume Tête d'Étoupe. Emma eut en dot la ville et le château de Chinon.

En dépit de son surnom que lui avait mérité sans doute sa vigueur musculaire, ce Guillaume paraît avoir été un assez pauvre homme.

Emma était altière, violente et vindicative. A tort ou à raison, elle soupçonnait son mari de courtiser Hildegarde, fille du vicomte de Thouars. Un jour, qu'elle chevauchait aux environs de Talmont avec une suite nombreuse d'écuyers et de serviteurs, un fâcheux hasard fit qu'elle rencontra Hildegarde dont l'escorte était beaucoup plus faible. Emma attaqua aussitôt cette infortunée jeune fille, la jeta à bas de son cheval, et, après l'avoir rouée de coups, la livra toute une nuit aux outrages de ses palefreniers (vers 970)[1].

Depuis lors, et malgré diverses tentatives de réconciliation, les deux époux vécurent séparés. Emma se retira définitivement dans son château de Chinon vers 989.

Guillaume Fier à Bras passa ses dernières années au monastère de Saint-Maixent, en Poitou, où il mourut à l'âge de soixante-deux ans, le 3 février 994[2].

1. Petri Malleacensis monachi. — Labbe, *Nova bibliotheca*, t. II, p. 225.

2. Dom Fonteneau, Manuscrits. Bibliothèque de la ville de Poitiers, t. XXV, p. 11. — Comparer avec Léon Palustre et Alfred Richard, ouvrages déjà cités.

Emma continua d'habiter Chinon et paraît avoir survécu sept ou huit ans à son mari.

Leur fils, Guillaume le Grand, fut un prince puissant dont les monarques les plus illustres recherchaient l'amitié. Il n'eut pas d'alliés plus fidèles que son oncle, Eudes Iᵉʳ frère d'Emma, et ses fils. A la mort de sa mère il leur laissa la ville et le château de Chinon.

Alors commence une longue période de guerres. Les comtes d'Anjou, ambitieux et batailleurs, cherchèrent à s'agrandir aux dépens de leurs voisins, les comtes de Poitiers et les comtes de Touraine.

Ceux-ci perdirent successivement Saumur (1025), et Langeais qui leur furent enlevés par Foulques-Nerra [1].

Au mois d'août 1044, Geoffroy Martel, fils de Foulques-Nerra, remporta une victoire définitive sur Thibault comte de Touraine et son frère Étienne comte de Champagne, près de Saint-Martin-le-Beau. Thibault dû abandonner au vainqueur Tours, Chinon, et toutes les villes, fiefs et châteaux qu'il possédait en Touraine.

1. Voir pour plus de détails sur Foulques-Nerra : *Hist. de Foulques-Nerra, comte d'Anjou*, par Alex. de Salies, Paris-Angers, 1874. La prise de Saumur par Foulques-Nerra est rapportée dans *la Chronique de Saint-Florent* (dom Martène, t. V, *Amplissima Collectio*). Il y est expliqué que la Vienne coulait alors devant Saumur, parallèlement à la Loire. Le confluent est aujourd'hui à Candes, à trois lieues en amont de Saumur.

La ville de Chinon protégée par sa forêt, par la Loire, la Vienne et l'Indre, n'avait pas eu à souffrir de ces hostilités.

En 1045, le château de Chinon servit de prison au comte de Poitiers, Guillaume le Gros, fils de Guillaume le Grand. Il avait été vaincu et pris par Geoffroy Martel à Moncontour-de-Poitou. Il resta captif pendant trois ans, et ne fut remis en liberté que mourant et contre paiement d'une énorme rançon [1].

Geoffroy Martel mourut à Angers le 14 novembre 1060. Bien qu'ayant été marié cinq fois, d'une manière plus ou moins conforme au droit canonique, il n'avait jamais eu d'enfant. Peu de temps avant sa mort, il partagea ses fiefs entre ses deux neveux, fils de sa sœur Hermengarde et de Geoffroy Ferréol, comte de Gâtinais.

Geoffroy le Barbu eut la Touraine avec Chinon et

---

1. Geoffroy Martel avait épousé Agnès de Bourgogne, veuve du comte de Poitiers, Guillaume le Grand, fils d'Emma. Agnès entreprit de déposséder au profit de ses enfants les fils que Guillaume avait eus de ses deux premières femmes, et elle détermina Geoffroy Martel à leur faire la guerre. Les victoires de Geoffroy Martel eurent en effet pour résultat d'assurer le Poitou et l'Aquitaine aux deux fils d'Agnès, Pierre et Guy-Geoffroy. Pierre mourut sans postérité. Agnès fut répudiée par Geoffroy Martel. Pour se venger, elle poussa son fils Guy-Geoffroy à faire la guerre au comte d'Anjou. Guy-Geoffroy, après des alternatives de succès et de revers, parvint à recouvrer toutes les possessions patrimoniales. En résumé, après un demi-siècle de guerres, les comtes d'Anjou n'avaient acquis d'autre avantages sur les comtes de Poitiers que de s'être affranchis de l'hommage qu'ils devaient pour les deux villes de Loudun et Mirebeau. (Voir Léon Palustre et Alfred Richard.)

Château-Landon. Foulques, dit le Rêchin, eut l'Anjou et la Saintonge.

Naturellement chacun d'eux convoitait la part de l'autre, et les troubles ne tardèrent pas à éclater.

Geoffroy le Barbu, vaincu une première fois au mois d'août 1067, fut emmené prisonnier à Sablé. Le pape Alexandre III obtint peu après son élargissement.

Mais Geoffroy eut la fâcheuse idée de tenter une revanche, et vint mettre le siège devant Brissac, à quatre lieues d'Angers. Vaincu et fait prisonnier une seconde fois, il fut enfermé dans une tour du château de Chinon. Il y resta vingt-huit ans. Ce fut seulement en 1096 que le pape Urbain II, qui était venu à Angers prêcher la Croisade, exigea qu'il fût remis en liberté. Le malheureux était devenu à peu près imbécile. Il paraît avoir vécu encore sept ou huit ans.

Geoffroy Martel, fils aîné du Rêchin, avait fait de généreux efforts pour adoucir sa captivité. En reconnaissance de ses soins et de son affection, Geoffroy le Barbu lui avait consenti une donation de tous ses droits, légitimant ainsi au profit du fils l'usurpation commise par le père.

Geoffroy Martel II mourut sans postérité à l'âge de trente-quatre ans en 1106, et son frère Foulques, que le Rêchin avait eu d'un autre lit, lui succéda. Ce fut lui qui, par son mariage avec Sybille, fille du comte du Maine, réunit cette province à l'Anjou et à la Touraine.

Le fils de Foulques V et de Sybille, Geoffroy le Bel, qu'on appela Plantagenet à cause d'une branche de genêt qn'il avait coutume de porter à son chapeau, épousa à Rouen, au mois d'avril 1128, l'impératrice Mathilde, veuve de l'empereur Henri V. Mariage politique s'il en fut : Geoffroy avait seize ans, et Mathilde trente ! Mais elle était la seule enfant survivante et présomptive héritière d'un fils de Guillaume le Conquérant, Henri Ier, dit Beauclerc, duc de Normandie, roi d'Angleterre [1].

Geoffroy Plantagenet fit en Anjou et en Touraine ce que le roi de France Louis VI dit le Gros venait d'accomplir dans ses provinces. Il réduisit à l'obéissance par une guerre sans merci les vassaux indociles et pillards qui ruinaient la population paisible. Dans l'espace de trois ans, il assiéga et prit Thouars, Parthenay, Mirebeau [2], Sablé, et, plus près de Chinon, l'Isle-Bouchard (1132).

Cette dernière place était très forte. Peloquin, seigneur de l'Isle-Bouchard, avait son donjon dans l'île, que le fort courant et la profondeur de la Vienne rendaient inaccessible.

Geoffroy s'empara aisément du faubourg de Saint-Léonard, sur la rive gauche. Il lui fallut ensuite

1. Sur les comtes d'Anjou, *Spicilegium de d'Achery et Foulques le Réchin*. Paris 1655-1677, t. X. — De Marolles, *Hist. des anciens comtes d'Anjou*. — Marchegay et Salmon, *Hist. des comtes d'Anjou*, 1856, et la charmante chronique de Jehan de Bourdigné, *Annales et chroniques d'Anjou*, 1529, in-f°.

2. De Fouchier, *Hist. de la baronnie de Mirebeau* (*Antiquaires de l'Ouest*).

détacher une forte troupe qui descendit la Vienne pour la franchir sur les ponts de Chinon, et, remontant par la rive droite, vint donner assaut au faubourg Saint-Gilles pour isoler les assiégés.

Mais le château restait imprenable. Geoffroy eut recours à une ruse grossière, et simula une retraite en embarquant sur la Vienne ses approvisionnements et son matériel de guerre. Peloquin, s'imaginant n'avoir qu'à poursuivre des troupes en désarroi, fit une sortie. Il donna sottement dans une embuscade et fut pris. Geoffroy se montra débonnaire et consentit à lui rendre son fief [1].

Geoffroy fut un prince éclairé et généreux dont la domination fut douce et bienfaisante autant que la rudesse de l'époque le permettait. D'heureux changements se manifestaient dans les mœurs, et déjà le fait et les usages commençaient à tempérer les rigueurs du droit féodal [2].

Malgré ses efforts opiniâtres, Geoffroy ne parvint pas à supprimer complètement les guerres privées que se faisaient entre eux les seigneurs. En 1149, pendant qu'il était occupé à assiéger dans son château Giraud de Montreuil-Bellay, toute la partie sud-est du Chinonais fut désolée par une guerre de

1. Chalmel, t. II.
2. Manuscrits de dom Housseau, n° 1699 ; lettres patentes du roi Louis VII concédant, à la prière de Geoffroy Plantagenet et de l'archevêque de Tours, de larges franchises aux habitants de Châteauneuf-de-Tours.

surprises et de pillages entre le seigneur de Marmande et le vicomte de Chatellerault, à laquelle prirent part successivement les seigneurs de Faye-la-Vineuse, de Nouâtre et de l'Isle-Bouchard.

Geoffroy mourut, le 7 septembre 1151, à Château-du-Loir, à l'âge de trente-huit ans.

Il avait laissé tous ses États à son fils Henri, qui était né le 5 mai 1133, réservant à son autre fils Geoffroy, plus jeune d'un an, les trois châteaux de Chinon, Loudun et Mirebeau.

Mais il avait stipulé expressément que si Henri parvenait à se faire reconnaître comme roi d'Angleterre, il laisserait à son frère les trois provinces d'Anjou, Maine et Touraine.

Henri épousa en 1152 la célèbre Aliénor d'Aquitaine, fille et unique héritière du comte de Poitiers Guillaume X, épouse répudiée du roi de France Louis VII. Elle avait alors trente-deux ans. Elle apportait à son jeune mari le Poitou et l'Aquitaine.

Deux ans après, Étienne de Blois, qui s'était emparé du trône d'Angleterre au préjudice de l'impératrice Mathilde, femme de Geoffroy Plantagenet, mourut sans enfants. Pour faire sa paix avec Henri Plantagenet, il avait consenti à le reconnaître comme son successeur, si bien que celui-ci se trouva maître incontesté de ce royaume d'Angleterre que ses descendants devaient occuper pendant trois siècles.

Son frère, Geoffroy d'Anjou, n'avait pas eu la loyauté et la prudence d'attendre la réalisation de cet événement pour revendiquer les trois provinces d'Anjou, Maine et Touraine. Profitant de ce qu'Henri était en guerre avec le roi de France (1153), il avait fortifié ses trois châteaux de Chinon, Loudun et Mirebeau, et tenté une incursion en Anjou.

Henri accourut en toute hâte. Il s'empara du château de Montsoreau, entre Saumur et Chinon, et contraignit son frère à se réfugier à Chinon. Geoffroy avait du se soumettre et se contenter de la possession de ses trois villes.

Henri, devenu roi d'Angleterre, ne paraissant pas disposé à exécuter les volontés de son père en faveur de Geoffroy, celui-ci perdit patience et entreprit à nouveau une lutte disproportionnée (1156). Henri prit d'assaut Mirebeau et Chinon. Geoffroy, vaincu, fut obligé d'abandonner même la ville de Loudun, bien qu'elle n'eut pas été prise, et renonça à tous ses droits moyennant une pension. La même année, les habitants de Nantes le choisirent pour leur comte et seigneur, mais il mourut peu après sans avoir été marié.

Ni les comtes de Touraine, ni après eux les comtes d'Anjou, ne consentirent à donner Chinon en fief. La place était trop forte sans doute et trop favorablement située pour qu'il parût prudent de la confier à la bonne foi d'un vassal qui eût pu facilement devenir redoutable. Ils restèrent toujours les seigneurs immédiats de la ville et du château, où ils nommaient des gouverneurs qui n'étaient que leurs préposés et rendaient en leur nom la justice

En l'an 1009, le chevalier du château de Chinon s'appelait Alo. Son nom est mentionné dans une charte curieuse et compliquée où nous voyons Hubert, chevalier du château de Saumur, céder à Berno, abbé de Bourgueil, la viguerie et les droits de justice du château de Chinon qu'il déclare tenir d'Alo, son seigneur. Celui-ci ratifie la cession ; mais comme les droits de justice qui faisaient l'objet du contrat appartenaient d'abord au comte Eudes de Touraine, ce dernier comparaît également pour confirmer les cessions consenties par Alo à Hubert et par Hubert à l'abbé [1].

Il résulte du texte de cette charte que les droits de justice de la ville de Chinon représentaient déjà une valeur considérable.

Vers 1055, le chevalier du château de Chinon s'appelle Jean, et ajoute à son nom celui de Chinon. Il était en même temps seigneur de Montbazon. On trouve son nom, mentionné avec celui de son fils Aimery Païen, dans une charte de 1069, concernant l'abbaye de Bourgueil, et où ils figurent tous deux comme témoins [2].

---

1. Dom Housseau, n° 344. L'abbé Berno, en témoignage de reconnaissance, fait plusieurs dons, chacun de *mille sepias*, à diverses personnes qui s'étaient entremises pour les négociations. Que signifie le mot sepia ? — On le traduit ordinairement par *sèche*, mais il est invraisemblable que l'abbé de Bourgueil ait pu disposer de pareilles quantités de sèches, dont on ne s'expliquerait guère l'emploi. J'incline à croire qu'il s'agissait tout simplement d'oignons.

2. De Fouchier, *Hist. de la baronnie de Mirebeau.*

Aimery Païen fut gouverneur de Chinon pendant les dernières années du xie siècle.

Il eut un fils, Jean II, qui probablement lui succéda dans sa charge ; mais celui-ci eut un différend grave, vers l'an 1115, avec le comte Foulques V, au sujet de la seigneurie de Montbazon ; et à partir de cette date le Grand-Sénéchal des trois provinces d'Anjou, Maine et Touraine eut, le plus souvent, le commandement du château de Chinon.

La ville de Chinon s'était considérablement agrandie. Un pont en charpente la reliait à la rive gauche de la Vienne. Le comte Foulques V, par une charte du mois de février 1127, céda aux religieuses de l'abbaye de Fontevrault le droit d'écluse sur la Vienne et le péage des ponts [1] ; ce qui explique pourquoi, à la fin du xviiie siècle, on appelait encore « Pont-à-Nonnain » un pont de bois situé de l'autre côté de la Vienne, entre les deux faubourgs de Saint-Jacques et de Saint-Lazare.

Les moines de Saint-Mexme avaient été sécularisés vers 1055 [2].

Aux environs de Chinon, de puissantes abbayes possédaient de vastes territoires et des droits seigneuriaux importants.

Il y eut un abbé de Bourgueil dès 977, bien que la charte de fondation, par Guillaume Fier à Bras et la comtesse Emma soit datée seulement de 990 [3].

1. Manuscrits de dom Housseau, n° 1492.
2. Dom Housseau, n° 546.
3. Dom Housseau, n°ˢ 226, 249. Archives d'Indre-et-Loire, série H, n° 24.

L'abbaye de Bourgueil fut une des plus riches de France.

L'abbaye de Turpenay, dans la forêt de Chinon, avait été fondée vers 1107 par Foulques V. En 1134, elle était déjà en possession d'un territoire considérable qui comprenait la plus grande partie de la paroisse de Saint-Benoît-du-Lac-Mort[1]. L'abbaye de Seuilly date également des premières années du XIIe siècle. A six lieues à l'ouest de Chinon, la célèbre abbaye de Fontevrault (Fons-Ebraldi) fut fondée par Robert d'Arbrissel, vers 1102. Cette institution avait ceci de particulier que Robert d'Arbrissel, pour se conformer à l'exemple de Jésus-Christ, qui soumit saint Jean à la Sainte-Vierge, avait donné à l'abbesse autorité et commandement non seulement sur les religieuses, mais aussi sur tous les religieux de l'ordre[2].

1. Dom Housseau n° 1576.
2. *Dictionnaire de Droit canonique et de Pratique bénéficiale.* Lyon, 1770, t. III. Ordres religieux.

LES ROIS PLANTAGENETS

CHAPITRE III

Henri II Plantagenet, roi d'Angleterre, fait reconstruire et agrandir le château de Chinon qui devient une de ses résidences favorites. — Il réunit un concile à Chinon en 1166, à l'occasion de son conflit avec Thomas Becket, archevêque de Canterbury. — Tristes conséquences d'une parole de colère. — Rébellions des enfants de Henri Plantagenet contre leur père. — Il prend d'assaut le château de Champigny. — Réception solennelle du comte de Toulouse à Chinon, en 1174. — Richard Cœur de Lion fait alliance avec le roi Philippe-Auguste contre son père. — Henri, vaincu et abandonné, meurt de chagrin et de colère au château de Chinon. — Les grands travaux publics exécutés sous son règne. — Organisation de la justice. — Chinon châtellenie royale.

Dans certaines notices historiques, il est parlé de la Touraine et de l'Anjou à l'époque des rois Plantagenets comme de possessions anglaises. Cette expression est tout à fait impropre. De ce que les comtes d'Anjou, seigneurs français, sont devenus rois d'Angleterre, leurs provinces françaises ne devinrent pas pour cela anglaises, pas plus que de nos jours la Belgique n'est devenue une dépendance du Congo lorsque le roi Léopold se fut créé un royaume dans le centre de l'Afrique. Il n'y avait pas de nationalité anglaise au temps d'Henri Plantagenet et de ses successeurs immédiats.

L'Angleterre avait été une proie pour les conquérants normands et pour les comtes d'Anjou leurs héritiers, qui, français par leur hérédité et leur mentalité, imposèrent aux Anglo-Saxons la langue française, transportèrent en Angleterre la coutume féodale française, et exproprièrent le sol conquis au profit de tous les aventuriers normands, angevins, poitevins, tourangeaux et gascons qui s'étaient rangés sous leur bannière.

Henri Plantagenet, devenu maître de Chinon, fut séduit par l'heureuse orientation de la ville, la douceur de son climat, l'étendue et le charme des horizons que l'on découvre du haut des terrasses du château.

Ce puissant souverain qui possédait plusieurs capitales, Londres, Rouen, Angers, Tours, Poitiers, fit de Chinon une de ses résidences favorites.

Le château fut réédifié, et les ruines imposantes qui provoquent aujourd'hui l'admiration des touristes nous permettent d'évoquer facilement ce magnifique chef-d'œuvre d'architecture militaire, tel qu'il était déjà à la fin du XIIe siècle.

La ville de Chinon porte sur son écu trois châteaux. Ce sont des armes parlantes.

L'escarpement qui ferme la vallée de la Vienne au nord se termine à l'ouest par une large dépression qui le sépare des coteaux de Saint-Louans. Ce saillant nord-ouest est couronné par le fort ou château du Coudray. Un peu à l'est, le coteau est traversé d'une profonde coupure qui sépare le fort du Coudray du fort ou château du Milieu, où se trouvait le Grand-Logis, puis, toujours plus à l'est, une autre coupure parallèle à la première isolait complètement la forteresse.

Henri Plantagenet réunit les deux châteaux par une enceinte flanquée de tours et d'avant-corps carrés dont le talus maçonné se prolonge obliquement jusqu'au bas de l'escarpement.

Puis en dehors de cette forteresse qui comprenait déjà deux châteaux, il fit construire le fort Saint-Georges, masse polygonale contrebutée par des tours terrassées et de robustes piliers. Un pont-levis qui fut remplacé à la fin du xvie siècle par le pont fixe qui existe encore assurait la communication avec la forteresse principale. Les défenses extérieures se rejoignaient par-dessus la douve et permettaient également de passer d'un fort à l'autre par le chemin de ronde. La principale entrée du fort Saint-Georges était située au nord, du côté opposé à la ville. On l'appelait « la Porte des Champs ».

Ce qui reste du fort Saint-Georges est aujourd'hui propriété privée.

Henri II avait fait construire une chapelle dans le fort Saint-Georges. Elle fut démolie au xviiie siècle.

Il y avait également une chapelle dédiée à saint Mélaine dans le fort du Milieu, et une autre dont quelques vestiges sont encore apparents dans le fort du Coudray. Cette dernière était consacrée à saint Martin.

Sur l'extrême pointe du saillant nord-ouest, dans le fort du Coudray, se dresse la tour dite « du Moulin », à cause d'un moulin à farine qu'on y installa au xiii⁰ siècle. Elle est aujourd'hui découronnée de sa toiture.

Cette tour parfaitement ronde est assise sur un talus polygonal dont les angles ont été rasés. Elle servait pour le guet et la défense. C'est une merveille d'architecture qui donne une égale impression de solidité et de sveltesse. Elle a été très vraisemblablement construite par Henri II, et fut, à coup sûr, une des premières tours à forme ronde que les ingénieurs substituèrent aux tours carrées pour éviter la prise que les angles offraient à la sape [1].

Les habitants de Chinon sous le règne d'Henri II eurent souvent l'occasion de voir dans leurs murs de somptueux cortèges.

Henri ne connaissait pas la parcimonie, et l'on peut croire que les logements du château étaient dignes de sa puissance, de ses habitudes fastueuses, de la

1. Consulter, pour plus amples détails archéologiques sur le château, de Cougny, *Notice sur le château de Chinon*, 1860 et autres éditions.

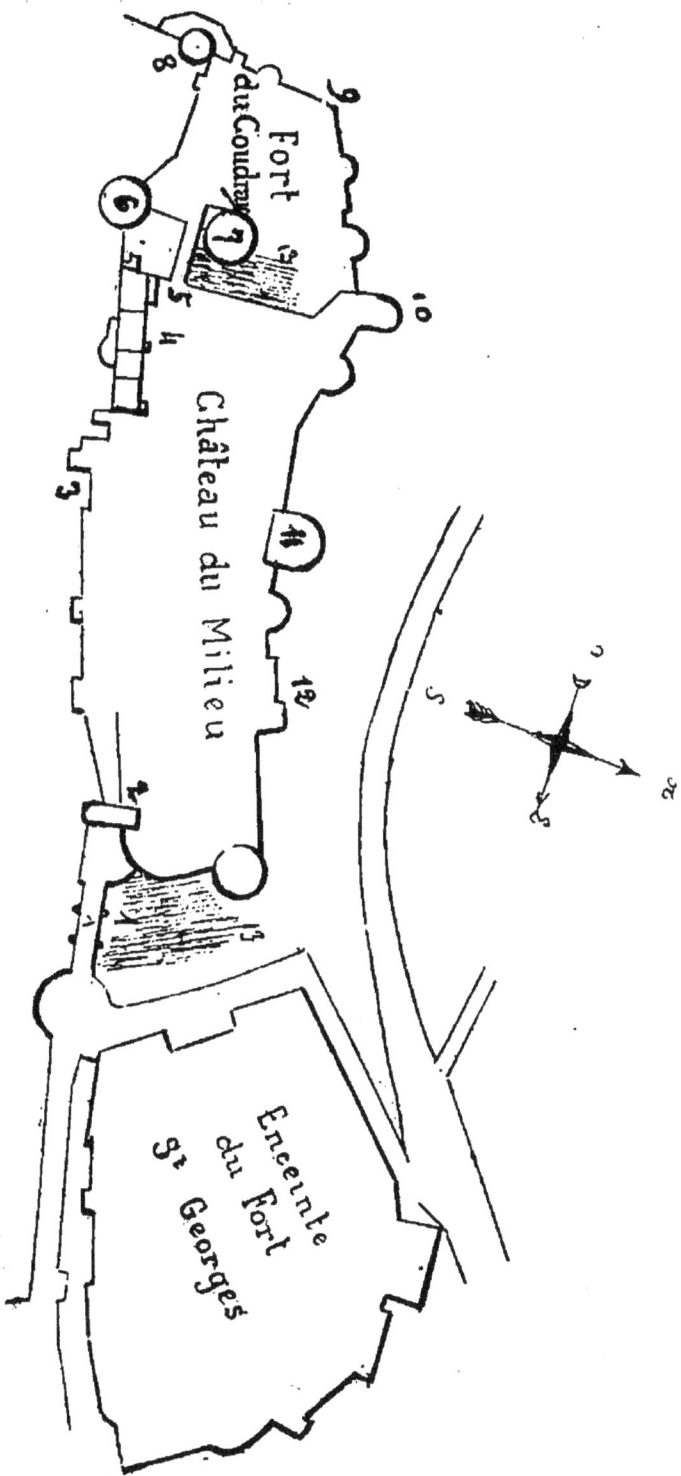

LES TROIS CHATEAUX

Fort du Coudray

Château du Milieu

Enceinte du Fort St Georges

1. Pont dormant (xviᵉ siècle).
2. Tour de l'Horloge (xivᵉ siècle).
3. Tour (xiᵉ siècle).
4. Logis royaux (xiiᵉ et xiiiᵉ siècles).
5. Pont dormant (xviiᵉ siècles).
6. Tour de Boissy (xiiiᵉ siècle).
7. Donjon du Coudray (xiiiᵉ siècle).
8. Tour du Moulin (xiiᵉ siècle).
9. Tours et murailles du xᵉ au xiiᵉ siècle.
10. Tour d'Argenton (vers 1485).
11. Tour des Chiens (vers 1300).
12. Courtines (xiiᵉ et xiiiᵉ siècles).
13. Douves.

suite nombreuse de capitaines et de seigneurs qui composaient sa cour, et des hôtes illustres qu'il pouvait recevoir.

Les historiens lui ont reproché avec raison ses emportements furieux.

Il était ambitieux sans mesure et dénué de scrupules ; mais il avait aussi d'éminentes qualités, des vues pleines de grandeur, des clartés sur toutes choses, une instruction rare pour l'époque, et le souci de l'ordre et de la justice. Ce fut, tout compte fait, un grand souverain.

Nous ne retiendrons des faits de ce long règne que ceux qui eurent une répercussion dans la région chinonaise.

Le conflit du roi avec Thomas Becket, archevêque de Canterbury, appartient à la grande histoire. Nous devons cependant en dire quelques mots pour comprendre ce qui se passa à Chinon en 1166.

On sait que Thomas Becket était le plus haut personnage de l'Angleterre et le favori du roi lorsque celui-ci le nomma au siège primatial de Canterbury, dans l'espoir d'obtenir par lui la soumission des membres du clergé anglo-saxon, qui manifestaient un esprit d'indépendance bien près de l'insubordination.

Le nouvel archevêque, contrairement aux prévisions du roi, revendiqua avec une hautaine intransigeance ce qu'il appelait les justes droits de l'Église.

Depuis 1164 Thomas Becket s'était réfugié en France, au monastère de Pontigny, d'où il prononça l'excommunication des prélats et des seigneurs qui avaient inspiré ou prétendaient exécuter les mesures édictées par le roi. Il menaçait même celui-ci des foudres de l'Église au cas où il persisterait dans sa lutte contre les droits du clergé.

Au mois de mai 1166 Henri convoqua à Chinon une assemblée de prélats et de seigneurs pour aviser aux moyens de prévenir l'effet des menaces de l'archevêque.

Ce fut à cette occasion, d'après le témoignage de Jean de Salisbury, qui était le secrétaire et le confident de Thomas Becket, que le roi, s'adressant à ses serviteurs, les appela... *Un ramas de traîtres qui n'ont ni zèle ni courage pour le débarrasser d'un homme qui lui causait tant d'ennuis* [1].

Quatre ans après, se trouvant à Bures, près de Bayeux, il exprimait encore la même pensée à peu près dans les mêmes termes (décembre 1170) [2].

L'archevêque à cette époque avait repris possession de son siège de Canterbury, et il y avait eu entre le roi et lui une sorte d'accommodement. Ce qui n'empêcha pas que quatre gentilshommes, considérant comme un ordre la phrase imprudente du roi, partirent la nuit même pour l'Angleterre et

1. Giles, *Vita et epistolæ sancti Thomæ Cantuariensis*. Londres, 1846. Traduction de G. Darboy, vicaire général de Paris, 1858, t. II, chap. XXV, XXVII, XXVIII.
2. Giles et Darboy, déjà cités.

massacrèrent l'archevêque au pied de l'autel le 29 décembre 1170.

Le roi Henri se défendit toujours d'avoir ordonné ou prémédité le meurtre ; mais il est fâcheux pour sa mémoire que cette phrase si mal interprétée, ait été prononcée par lui à deux reprises, à quatre ans d'intervalle.

A partir de 1170 Henri eut la douleur de se voir contraint à lutter presque constamment contre ses fils et contre leur mère, la reine Aliénor, qui encourageait leurs rébellions.

En 1169 il leur avait partagé ses états. L'aîné, Henri, dit Court-Mantel, devait avoir l'Angleterre, la Normandie et les trois provinces d'Anjou, Maine et Touraine.

Geoffroy eut la Bretagne ; Richard Cœur de Lion le Poitou et l'Aquitaine. Le quatrième, Jean, encore en bas âge, ne reçut aucune attribution, ce qui lui valut son surnom de Jean sans Terre.

Mais nous savons déjà que dans la maison d'Anjou les partages avaient d'ordinaire des résultats fâcheux.

En 1172 un certain nombre de seigneurs de Touraine avaient pris parti pour Henri Court-Mantel. Son père vint à Chinon pour les fêtes de Noël et fit sommer les rebelles de venir lui rendre hommage. Seul le sire de Blo, seigneur de Champigny, osa résister, et soutint bravement mais sans succès l'attaque du roi. Son château, qui était situé à quatre lieues de Chinon, fut pris d'assaut et ceux des défenseurs qui n'avaient pas été tués restèrent prisonniers [1].

A la fin de l'année 1174 la paix s'était faite entre Henri et ses enfants et presque toute la famille royale se trouva réunie au château de Chinon. Le roi Henri II et la reine Aliénor, Henri Court-Mantel et sa très jeune épouse Marguerite de France, sœur de Philippe-Auguste, et Richard Cœur de Lion, reçurent en audience solennelle le comte de Toulouse qui était venu rendre hommage à Richard pour son comté de Toulouse, relevant du duché d'Aquitaine [2].

Malgré cette réconciliation avec ses enfants, Henri jugea prudent d'éloigner la reine Aliénor et la rélégua dans un de ses châteaux d'Angleterre,

La guerre éclata entre Henri et le jeune roi de France, Philippe-Auguste, en 1187. Henri Court-Mantel et Geoffroy étaient morts. Richard, s'imaginant à tort ou à raison que son père voulait prendre des dispositions en faveur de son jeune fils Jean, prit parti pour le roi de France. Henri fut accablé par la coalition de ces deux jeunes princes rivaux de gloire et de bravoure (1188-1189).

Attaqué par eux dans sa ville du Mans il lutta héroïquement mais sans espoir, et fut contraint

1. Chalmel, année 1172.
2. Bouchet, *Annales d'Aquitaine*, année 1174.

d'incendier les faubourgs pour protéger sa retraite (10 juin 1189).

Il fit une halte de quelque jours à Saumur, puis se réfugia dans son château de Chinon, où la désertion eut bientôt fait de disperser les quelques troupes qui lui restaient.

Du Mans Philippe et Richard s'étaient dirigés sur Tours qu'ils prirent d'assaut le 3 juillet.

Le même soir Henri vit arriver à Chinon l'archevêque de Reims, le comte de Flandre et le duc de Bourgogne qui lui apportaient les offres de paix et les conditions du roi Philippe et de Richard.

Henri eut ce surcroît de chagrin d'apprendre que son plus jeune fils Jean, qu'il avait toujours tendrement aimé, avait lui aussi pris le parti du roi de France,

Dès lors il renonça à contester aucune des conditions qui lui étaient imposées, et le lendemain 4 juillet eut lieu au château de Colombiers (aujourd'hui Villandry), entre Chinon et Tours, une conférence où fut signé le traité qui dépouillait Henri au profit du roi de France et de Richard de toute ses possessions en terre française.

L'infortuné souverain mourut de chagrin, d'humiliation et de colère.

Cet homme robuste, sanguin et corpulent, à peine âgé de cinquante-sept ans, eut une agonie terrible dans ce château désert. Il avait auprès de lui des religieux de Canterbury, qui, avec un à propos discutable, ne manquèrent pas de lui rappeler le meurtre de Thomas Becket. Il les chassa en proférant contre eux des invectives et des menaces [1], puis il tomba dans une espèce de torpeur qu'interrompaient des crises effrayantes. — *Est-ce bien vrai, disait-il, que Jean, mon cœur, mon fils de prédilection, celui que j'ai chéri plus que les autres et pour l'amour duquel je me suis attiré tous mes malheurs, s'est aussi séparé de moi ?* —

Quand il se sentit mourir, il se fit porter devant l'autel de la chapelle du château, fit publiquement l'aveu de ses fautes et sollicita humblement l'absolution.

A peine eut-il rendu le dernier soupir (6 juillet 1189) que son corps fut abandonné par les quelques serviteurs qui lui étaient restés et qui ne s'occupèrent plus que de piller ses meubles et ses effets.

« Le lendemain, dit Augustin Thierry [2], eut lieu la cérémonie de la sépulture. On voulut décorer le cadavre des insignes de la royauté, mais les gardiens du trésor de Chinon les refusèrent, et après beaucoup de supplications ils envoyèrent seulement un sceptre et un anneau sans valeur. Faute de couronne on coiffa le roi dans une espèce de diadème fait avec la frange d'un vêtement de femme... »

Son corps fut transporté sans aucun apparat à l'abbaye de Fontevrault. Richard son fils, qui depuis deux jours était à Poitiers, revint en hâte à la

1. Roger de Hoveden, *Annales*, p. 643, et s.
2. *Hist. de la conquête d'Angleterre.*

nouvelle de la mort de son père. Il rencontra le convoi à la sortie du faubourg Saint-Jacques et se prosterna devant le cercueil ; mais, s'il faut en croire un chroniqueur contemporain [1], le cadavre, qu'on transportait à découvert, jeta alors du sang par le nez, ce qui fut considéré comme un fâcheux présage pour le nouveau roi.

L'administration d'Henri II fut favorable à la Touraine et à sa seigneurie de Chinon.

De grands travaux publics furent exécutés. Les levées de la Loire furent reconstruites d'après un plan d'ensemble ; et pour assurer leur entretien, Henri accorda des indemnités et des privilèges à tous ceux qui viendraient les habiter, et se chargeraient de veiller à leur conservation [2].

A Chinon le pont était insuffisant et peu sûr, Henri fit édifier un solide pont de pierre et réparer la digue qui, sur la rive gauche de la Vienne traversait des marécages impraticables.

Ce pont subsiste encore dans son gros œuvre. Il a le défaut de tous les ponts de cette époque où l'on exagérait la masse des fondations et des piles à tel point que la construction formait barrage.

La ville de Chinon s'était fort agrandie.

La paroisse de Saint-Étienne restait le centre du mouvement et des affaires ; mais à l'ouest, sous

1. Mathieu Paris, ann. 1189.
2. Dom Housseau, n° 1767. — *Archives de l'abbaye de Saint-Florent* (Dom Martène, *Amplissima collectio*).

l'escarpement du château, il s'était formé une forte
agglomération de maisons qui appartenaient soit
aux officiers du château, soit à des seigneurs de la
région avoisinante ou à de riches bourgeois de la
ville. Il reste quelques-unes de ces antiques demeures
à colombages qui furent consolidées et restaurées au
xv⁰ siècle. Pour desservir ce groupe important, le roi
fit construire l'église Saint-Maurice qui existe
encore. Cette église n'avait alors qu'une seule nef
dont les voûtes angevines sont très intéressantes ;
et ses proportions étaient parfaites. Malheureusement il fallut l'agrandir au xv⁰ siècle, et on y ajouta
du côté sud une seconde nef dont l'effet n'est pas
très heureux.

Le faubourg Saint-Jacques de l'autre côté de l'eau,
protégé par des digues contre les inondations, prit
une extension considérable à partir du jour où il fut
relié à la ville par un pont solide.

Henri II fit de Chinon une châtellenie royale, siège
de Haute-Justice, d'où ressortissaient Candes, Champigny, La Haye-sur-Creuse, l'Ile-Bouchard, Saint-
Epain, Azay, Sainte-Maure et Bourgueil.

Il savait à l'occasion faire preuve d'une généreuse
magnificence.

C'est ainsi qu'en 1176, pendant une disette qui
désola l'Anjou et la Touraine, il fit distribuer chaque
jour, du 1ᵉʳ avril jusqu'à la récolte, du blé et du vin
de quoi nourrir dix mille personnes [1].

1. Chalmel, t. II.

Il fit de grandes largesses aux abbayes, particulièrement à Fontevrault. En 1177, il fonda au lieu dit Pommiers-Aigres, à une lieue de Chinon, dans la paroisse de Saint-Benoît-du-Lac-Mort, un prieuré de moines Grandmontins. Cet ordre des « Bonshommes de Grandmont », comme on les appelait, donna son nom au prieuré et l'appellation de Pommiers-Aigres finit par disparaître [1].

Henri avait donné en 1167, le commandement du château à Étienne de Tours, en même temps que le gouvernement des trois provinces d'Anjou, Maine et Touraine.

---

1. Dom Housseau, n° 1926. Voir sur les Bonshommes de Grandmont : *Dictionnaire de Droit canonique et de pratique bénéficiale*, 1770 : Ordres religieux.

CHAPITRE IV

Richard Cœur de Lion et le trésor du château de Chinon. — Ses préparatifs pour la Croisade. — Il édicte à Chinon un règlement en vue du voyage. — Charte de Gisors concernant le domaine et la Haute-Forêt de Chinon. — Pendant l'absence de Richard, sa mère Aliénor gouverne le duché d'Aquitaine et administre les provinces françaises de son fils. — A son retour Richard fait la guerre au roi de France. — Blessé à mort sous les murs du château de Chalus, en Limousin, il est transporté mort ou mourant à Chinon. — Il est inhumé à Fontevrault près de son père.

Richard succéda à son père sans que personne parut se soucier des droits de son neveu Arthur de Bretagne, fils de Geoffroy, second fils d'Henri Plantagenet. Cet enfant avait à peine trois ans.

Richard savait que son père avait amassé au château de Chinon des trésors considérables en vue de subvenir au frais de la Croisade qui avait été concertée entre lui et le roi Philippe-Auguste à Gisors en 1188, et qui avait été différée par suite de la mésintelligence survenue entre les deux rois.

Il fut surpris d'abord qu'à l'occasion des funérailles de son père il n'eût pas été fait d'abondantes aumônes comme c'était la coutume.

Interrogés à ce sujet, les officiers préposés à la

garde du trésor prétendirent que le feu roi avait disposé de toutes les sommes qui avaient été mises en dépôt au château [1].

Richard commença par faire arrêter et emprisonner le sénéchal Étienne de Tours. Ce procédé si simple fut d'une prompte efficacité. Pour racheter sa liberté, Étienne dut verser entre les mains de Richard des sommes énormes, et celui-ci, muni du viatique nécessaire, se prépara à se rendre en Terre-Sainte avec son allié et ami le roi Philippe-Auguste.

Il était à Chinon au mois de juin 1190 lorsqu'il promulgua de curieux statuts qui devaient être appliqués pendant le temps de la navigation.

En voici quelques extraits :

Richard à ses hommes qui vont à Jérusalem :

Sachez qu'après avoir pris conseil de mes barons, j'ai fait les lois suivantes... Celui qui aura tué un homme sera lié au cadavre et jeté avec lui à la mer ; si le meurtre est commis à terre, le coupable sera de même lié avec le mort et enterré vif avec lui... Celui qui sera convaincu de vol sera tondu comme un champion (c'était alors une coutume de tondre les champions dans les combats judiciaires) ; *on lui versera sur la tête de la poix bouillante et l'on y adaptera des plumes pour qu'on le reconnaisse ; au premier lieu où le navire abordera, on le mettra à terre... J'ordonne* (et ceci était fort raisonnable)

1. Chalmel, t. II.

*que tous les hommes qui vont à Jérusalem obéissent
au maître du navire...*

Le document le plus intéressant qui nous soit resté
de lui est une charte ou *concordia* qu'il signa à
Gisors le 28 mars 1190 avec Barthélémy II, archevêque de Tours, pour réglementer les anciennes cou-
tumes qui s'étaient perpétuées entre les comtes et
les archevêques pour la jouissance indivise de certains droits et usages, moulins, écluses, pêcheries,
entrées, péages, marchés, etc... Cet accord concerne plus particulièrement Chinon, Marçay, Port-
d'Ablevoye, et la forêt de Teillay ou Haute-Forêt de
Chinon [1].

Richard s'embarqua à Marseille au mois de juillet. Ses extravagantes aventures, ses exploits, son
retour, sa captivité en Allemagne, ne sauraient trouver place dans ce récit.

Pendant sa longue absence, la reine Aliénor, qui,
au décès de son mari avait recouvré sa liberté et ses
prérogatives de souveraine, reprit le gouvernement
de son duché d'Aquitaine. Elle administrait également les autres provinces françaises du roi Richard,
que convoitaient non seulement Philippe-Auguste
mais aussi Jean sans Terre, frère de Richard. Celui-ci

1. Cartulaire de l'archevêché de Tours, publié par L. de
Grandmaison, *Mémoires de la Société archéologique de Touraine*, t. XXXVII. — Eugène Pépin, *les Haulte et basse
forestz de Chinon, des origines au xvi* siècle.* Paris, Lucien
Laveur, 1911 ; très intéressante étude de la charte du
28 mars 1190, au point de vue de la législation forestière des
bois de Teillay.

lui avait donné le comté de Mortain, mais Jean n'entendait pas se contenter de ce modeste apanage.

Aliénor séjournait tantôt à Chinon, tantôt dans sa capitale de Poitiers, parfois à Fontevrault.

Philippe-Auguste, qui n'augurait rien de bon de son expédition lointaine, n'avait pas tardé à revenir pour se consacrer à des entreprises d'un profit plus certain ; et, d'accord avec Jean sans Terre, ils s'étaient partagé les états de Richard, lorsque celui-ci revint de captivité dans un état d'exaspération facile à comprendre (13 mai 1194).

Jean, épouvanté, fit sa soumission, et la guerre s'engagea un peu partout entre Philippe et Richard. Celui-ci s'empara de Tours et de Loches (juin 1194). Il eut le plaisir de retrouver devant Loches sa femme Bérengère de Navarre qui était venue le rejoindre avec un corps de troupes levé en Navarre.

Philippe de son côté envahissait la Normandie et prenait sous sa protection le jeune Arthur de Bretagne.

Richard entre temps cherchait querelle à ses vassaux. Il assiégeait le château de Chalus en Limousin lorsqu'il reçut, le 26 mars 1199, une flèche ou carreau d'arbalète à l'épaule. La blessure, qui par elle-même n'eût pas été mortelle, s'envenima faute de soins, et Richard succomba à la gangrène le 6 avril, à Chalus au dire des chroniqueurs.

Cependant, d'après une tradition locale très ancienne, il aurait été transporté mourant à Chinon, **dans une maison dépendant du château, sise au**

Grand-Carroi. Cette maison servait d'auberge, à l'enseigne de la Boule d'Or, au commencement du XIXᵉ siècle. Elle fait l'angle d'une impasse, et son pignon, flanqué d'une tourelle d'angle en encorbellement, fait face à la rue du Grand-Carroi. Pignon et tourelle ont été reconstruits au xvᵉ siècle, mais la partie intérieure de la maison est très ancienne et peut dater de la fin du xiiᵉ siècle. On croit qu'elle communiquait avec le château par des souterrains [1].

Un document contemporain de la mort de Richard semble confirmer la tradition.

Le 21 avril 1199, la reine Aliénor et Jean sans Terre signaient trois lettres par lesquelles il était fait savoir que la reine Aliénor et le comte Jean, son fils (il ne prenait pas encore le titre de roi), faisaient diverses donations à l'abbaye de Turpenay *parce que notre très cher abbé de Turpenay a assisté avec nous à la maladie et aux funérailles de notre très cher fils le Roi et s'est, plus que tous les autres religieux, donné de la peine pour ses obsèques* [2].

Avec nous: donc la reine Aliénor a donné des soins à Richard pendant sa maladie. Or aucun chroniqueur ne signale la présence de la reine à Chalus. D'autre part si l'on tient compte du temps nécessaire pour qu'Aliénor, alors à Chinon ou à Fontevrault, ait été prévenue de la gravité de la blessure

---

1. De Cougny, *Notice sur Chinon.*
2. Dom Housseau, manuscrits nᵒˢ 2100, 2115, 2116.

de son fils ; pour qu'elle ait pu faire ses préparatifs et se concerter avec l'abbé de Turpenay en vue du voyage ; il est difficile que cette femme de soixante-dix-sept ans ait pu, avec les moyens dont on disposait alors, arriver à Chalus, distant de plus de soixante lieues, pour soigner son fils qui est mort le 6 avril.

On peut supposer plutôt que Richard se sera fait transporter à Chinon sitôt qu'il eut des inquiétudes sur son état, c'est-à-dire le 27 ou le 28 mars, et qu'il y sera arrivé le 2 ou le 3 avril.

Le corps de Richard fut inhumé à Fontevrault. Son épitaphe, dont nous donnerons le texte plus loin en parlant des sépultures royales de Fontevrault, mentionnait cette particularité que ses entrailles furent ensevelies partie à Poitiers, partie à Chalus, tandis que son cœur fut transporté à Rouen et placé devant le grand autel dans un reliquaire d'argent. Ce reliquaire aurait été vendu plus tard pour payer la rançon du roi saint Louis prisonnier en Égypte après la bataille de Mansourah [1]. On éleva à Fontevrault un mausolée aujourd'hui disparu où Henri Plantagenet était représenté assis sur son trône, et son fils Richard prosterné devant lui comme pour demander merci [2].

Depuis son retour de Terre-Sainte, Richard n'avait fait que de courts séjours à Chinon. En 1196,

1. Dumoustier, *Essais historiques sur Chinon*, p. 60.
2. Dumoustier.

il datait de cette ville une charte confirmative des donations faites par son père aux Bonhommes de Grandmont [1].

Richard est resté légendaire par sa bonne grâce, sa vaillance, ses aventures, son goût très vif pour les lettres et la poésie. Il fut vraiment, comme a dit de lui le célèbre chevalier et troubadour Bertrand de Born « le Roi des courtois, l'Empereur des preux ! »

Cette seconde moitié du XIIe siècle avait vu se former quelques-uns des organismes essentiels de la vie moderne. Sans doute les Plantagenets ne consentirent que très exceptionnellement des chartes de *commune-jurée* qui faisaient des villes de véritables seigneuries en leur conférant ce que nous appelons aujourd'hui la personnalité civile ; mais ils accordaient aux habitants des franchises collectives. Les artisans et les marchands établissaient entre eux des règlements pour le travail, les salaires et les transports. La cellule corporative était née.

A Chinon, les séjours fréquents des rois et de leur cour avaient donné l'essor à l'industrie. Les seigneurs et les capitaines avaient acquis le goût du luxe, des belles étoffes, des ferrures ouvragées, des riches caparaçons, des armes finement ciselées, et

1. Dom Housseau, Manuscrit, n° 2089.

les bons ouvriers étaient recherchés et rémunérés en raison de leur habileté.

Les populations rurales à leur tour profitèrent de l'adoucissement des mœurs et de l'accroissement du bien-être ; d'heureux tempéraments furent apportés à la main-morte, et permirent au serf de transmettre son pécule aux siens.

Les seigneurs consentaient assez facilement des affranchissements, soit par une bienfaisance intelligente, soit à prix d'argent ; le nombre des hommes libres augmentait ainsi rapidement, et leur activité, autrement féconde que le travail servile, permit d'étendre et d'améliorer les cultures.

Les routes, tout au moins dans les possessions immédiates des Plantagenets, étaient sûres : la reine Aliénor avait édicté pour la population des côtes de son duché d'Aquitaine, un véritable code de navigation qui favorisa le commerce maritime ; et Chinon en relations directes avec l'Océan par la Vienne et la Loire, bénéficiait d'un transit actif.

Ainsi cette époque, qui dans le recul du temps, nous paraît enténébrée de barbarie, fut l'aurore de jours meilleurs pour les pauvres gens à qui leurs pères avaient transmis les souvenirs terrifiants d'une oppression séculaire.

Ce fut l'enfance du tiers état.

CHAPITRE V

Mariage de Jean sans Terre à Chinon, avec Isabelle d'Angoulême, fiancée de Hugues de Lusignan, comte de la Marche. — Jean sans Terre est attaqué par son neveu Arthur de Bretagne, soutenu par le roi de France. — Arthur est battu et fait prisonnier sous les murs de Mirebeau-en-Poitou. — Jean le garde pendant tout le mois d'août 1202, captif au château de Chinon. — Arthur disparaît. — Jean est cité devant la Cour des Pairs et condamné par contumace pour assassinat de son neveu. — Le château de Chinon soutient pendant un an les attaques du roi de France, qui s'en empare le 24 juin 1205. — Mort de la reine Aliénor. — Les sépultures des rois à Fontevrault.

A la mort de Richard, le jeune Arthur de Bretagne prit les armes pour revendiquer les droits qu'il prétendait tenir par représentation de son père Geoffroy.

Tours était pour Arthur; mais Robert de Turneham, sénéchal des trois provinces et gouverneur du château de Chinon prit le parti de Jean.

Une première campagne fut favorable à Arthur qui s'empara de Chinon, sans que Girard d'Athée qui commandait la place en remplacement de Robert de Turneham eut fait une résistance sérieuse.

Mais Jean fit sa paix avec le roi de France qui avait en ce temps-là de graves démélés avec le pape, et Arthur parut se résigner à rendre hommage à Jean pour le duché de Bretagne (Traité du Goulet, 22 mai 1200) de sorte que celui-ci reprit possession de la Touraine et de la ville de Chinon.

Ce fut à Chinon qu'il épousa le 30 août 1200, Isabelle ou Élisabeth d'Angoulême, fille du comte d'Angoulême, qui bien que fiancée à Hugues de Lusignan, comte de la Marche, s'était laissée très complaisamment enlever par Jean sans Terre. Il y eut à cette occasion de grandes solennités et réjouissances. Ce fut l'archevêque de Bordeaux qui officia, assisté des évêques de Saintes, d'Angoulême et de Périgueux ; et ce même jour, Jean constitua en dot à sa femme les villes et châteaux de Saintes, Niort, Saumur, La Flèche, Beaufort, Baugé, Château-du-Loir, et Trôo[1].

Jean séjourna à Chinon en juillet 1201. Le comte de la Marche avait porté plainte contre lui devant la Cour des Pairs pour le rapt de sa fiancée ; les seigneurs bretons en même temps avaient saisi la Cour de leurs réclamations en faveur de leur jeune duc. Jean crut habile de faire citer lui-même les plaignants ses vassaux devant sa propre Cour pour avoir à répondre de diverses infractions à leurs

---

1. Manuscrits de Dom Housseau, n° 2132. — Lecointre-Dupont, *Jean sans Terre ou Essai historique sur les dernières années de la domination des Plantagenets dans l'Ouest de la France (Antiquaires de l'Ouest, 1845)*.

devoirs féodaux, et prétendit n'avoir à comparaître devant la Cour du roi de France qu'après la solution du litige dans lequel il était plaignant. Il fit donner au comte de la Marche et à ceux qui s'étaient joints à lui ajournement devant l'assemblée de ses barons, qu'il convoqua à Chinon avec un grand appareil militaire au mois de juillet 1201 [1]. Mais le comte de la Marche et les seigneurs bretons n'eurent garde de comparaître.

Au mois d'août 1201, Jean datait de Chinon certaines dispositions en faveur de la reine Bérengère, veuve de Richard. Il lui concédait les deux villes de Loches et de Montbazon et une rente de mille marcs d'argent treize sols quatre deniers [2].

Au printemps de l'année 1202 les hostilités reprirent entre Jean et Philippe-Auguste. Celui-ci saisit la Cour des Pairs de ses propres griefs contre son vassal rebelle. Jean s'étant obstiné à ne pas comparaître après qu'il lui eut été signifié des ajournements successifs, la Cour prononça par défaut contre lui un premier arrêt de sequestre (avril 1202).

Le roi de France se mit aussitôt en mesure d'exécuter cet arrêt et envoya un premier secours de deux cents lances au jeune duc Arthur de Bretagne, qui sans attendre d'autres renforts, marcha de Tours sur Mirebeau, où se trouvait sa grand'mère la reine Aliénor. Celle-ci, avec un petit nombre de défen-

1. *Itinéraire du roi Jean sans Terre (Revue Archæologia, t. XXII, 1829).*
2. *Itinéraire du roi Jean.*

seurs, tint bon dans le donjon. Jean, avec son sénéchal Guillaume des Roches, arrivant à marches for-
cées, tailla en pièces les Poitevins, et s'empara
d'Arthur et de sa sœur Éléonore (1er août 1202)[1].
Celle-ci fut réléguée dans un couvent d'Angleterre ;
quant à Arthur il n'est pas douteux que Jean l'ait
assassiné ; très probablement à Rouen dans la nuit
du 3 au 4 avril 1203.

Il avait été tout d'abord transféré à Chinon qui
était la forteresse la plus proche. Jean en effet était
dès le 4 août à Chinon ; et très certainement il ne
s'était pas séparé de son prisonnier[2].

Quelques jours après, il reçoit à Chinon un
envoyé des seigneurs bretons qui lui demandaient
un sauf-conduit pour venir traiter de la rançon
d'Arthur, et il leur répond de Chinon le 24, cette
très curieuse lettre :

*Furmie, serviteur de notre neveu Arthur, est venu
vers nous et nous a dit de votre part que vous
viendriez volontiers vous entretenir avec nous si
vous pouviez le faire avec sécurité et s'il vous était
accordé un sauf-conduit. Nous vous accordons le
sauf-conduit que vous réclamez en vous mandant
de ne rien faire qui puisse causer du mal à nous
ou à notre neveu Arthur. A Alain et à Yvon, fils de
Conan, à Guillaume de Fougères, Païen de Males-*

---

1. Robert d'Auxerre, *Chronologia*, t. XVIII, p. 266. — De
Fouchier et Lecointre-Dupont, déjà cités.
2. *Itinéraire du roi Jean.*

troit, Alain de Rohan, et à ceux qui voudront venir avec eux.

Il était impossible de faire comprendre plus clairement au seigneur fils de Conan et autres, que toute entreprise qui pourrait causer de l'inquiétude au roi Jean serait très nuisible à la santé du jeune Arthur ; mais le texte de cette lettre indique en outre qu'au moment où il écrivait, Jean tenait son prisonnier sous sa main.

Il repartit de Chinon le 4 septembre pour n'y revenir que le 20 novembre. C'est probablement dans cet intervalle qu'il fit enfermer Arthur au château de Falaise, d'où ce malheureux jeune homme fut transféré plus tard à Rouen sans qu'on ait jamais su très exactement dans quelles circonstances il fut mis à mort.

Toujours est-il que la Cour des Pairs, sur le bruit qui courut de l'assassinat du jeune duc, cita à nouveau le roi Jean comme accusé du meurtre de son neveu.

Jean, cette fois encore, refusa de comparaître, et il fut condamné par contumace à la peine de mort et à la confiscation de toutes les terres et seigneuries qu'il possédait en terre de France. Cet arrêt, si l'on tient compte des délais et ajournements successifs d'une procédure par défaut, ne put-être prononcé que vers le milieu de l'année 1204 [1].

D'après M. Lavisse, qui s'approprie une thèse de

---

1. Bouchet, *Annales d'Aquitaine*, ann., 1204.

M. Ch. Bémont publiée dans *la Revue historique* [1], il n'y eut contre Jean sans Terre qu'un seul arrêt de confiscation, *antérieur à la mort d'Arthur*, et motivé sur diverses infractions au devoir féodal. La condamnation pour meurtre ne serait qu'une légende imaginée en 1216, lorsque le prince Louis, fils de Philippe-Auguste, songea à revendiquer le royaume d'Angleterre du chef de sa femme Blanche de Castille, petite-fille d'Henri Plantagenet.

Cette opinion me paraît des plus hasardeuses.

Les arguments de M. Bémont, très habilement groupés, ne résistent pas à une critique un peu sévère. En tout cas une seule raison suffit pour démontrer la fragilité de sa thèse. L'arrêt de la Cour des Pairs de 1204 a été produit par les envoyés du prince Louis devant le Sacré-Collège et le pape Innocent III, au mois de mai 1216, dans un débat solennel où le prince prétendait justifier l'expédition qu'il avait projetée en Angleterre [2].

Le roi Jean sans Terre était vivant, et il avait été invité à fournir ses défenses.

Comment admettre qu'une telle imposture : la falsification d'un arrêt de justice quant à la date et quant aux motifs ! n'eut pas été aussitôt dévoilée ? et que le pape Innocent III et les cardinaux, tous fins juristes, eussent longuement discuté l'arrêt lui-

---

1. Lavisse, *Histoire de France*, t. III, livre II, chap. II.— *Revue historique*, t. XXXII, année 1886.

2. Mathieu, Paris, année 1216, donne le compte rendu de cette audience d'après le texte de **Roger de Wendover**.

même, la régularité de la procédure, la compétence des juges, la légalité de la sentence, plutôt que de rejeter dédaigneusement une pièce si grossièrement entachée de faux dans sa matérialité ?

Le fait de la condamnation motivée sur le meurtre d'Arthur ne nous paraît pas contestable, et si les témoignages contemporains sont rares ou insuffisants, c'est tout simplement parce que les chroniqueurs n'ont attaché qu'une médiocre importance aux incidents d'une procédure par défaut, alors que les événements de guerre se précipitaient.

Le 30 juin 1204, Rouen avait ouvert ses portes au roi de France, et toute la Normandie était à lui.

Guillaume des Roches, qui s'était rallié au roi de France, marchait contre les seigneurs poitevins qui étaient restés fidèles à Jean sans Terre. Angers, Montreuil-Bellay, Loudun, Parthenay, Niort, Poitiers. et tout le Poitou se soumettaient presque sans combat.

Philippe-Auguste en personne se présenta devant Tours qui lui ouvrit ses portes. Le château de Loches, vigoureusement défendu par Girard d'Athée, résista plusieurs mois. Le château de Chinon brava pendant plus d'un an le blocus et les assauts de l'armée royale.

Le gouverneur Hubert du Bourg [1], désespérant

---

1. Chalmel dit Roger de Lacy (*Histoire de la Touraine*, t. II), mais Roger de Lacy qui avait défendu Château-Gaillard l'année précédente, avait été fait prisonnier. — V. Lavisse, *Hist. de France*, t. III, liv. II, chap. II.

d'être secouru par Jean, n'avait rien négligé pour
fortifier et ravitailler la place. Le siège fut meurtrier,
et Philippe y perdit beaucoup de monde. La garnison était réduite à une poignée d'hommes épuisés
par la fatigue et les privations, lorsque, le 24 juin
1205, un dernier assaut eut raison de leur héroïsme.
Hubert du Bourg fut fait prisonnier avec les quelques
hommes qui lui restaient.

C'en était fait de la domination des **Plantagenets**
en Touraine.

La reine Aliénor était morte à Fontevrault [1] le
1er avril 1204 dans sa quatre-vingt-troisième année.

L'antique abbaye de Fontevrault est aujourd'hui
une maison de détention,

Le cloître est intact, avec ses longues et silen-
cieuses galeries ajourées de portiques. Les clefs
des voûtes portent encore les chiffres ornés et les
écussons des abbesses.

Les murs de la salle capitulaire sont couverts de
fragments de fresques qui ne sont pas sans mérite,
et qui datent de la fin du xvie siècle [2].

L'église abbatiale a été construite dans les premières années du xiie siècle. Elle avait été odieuse-
ment mutilée depuis la Révolution. On achève en ce

1. Ou à Poitiers. Alfred Richard, *Hist. des Comtes du
Poitou*. En tout cas elle a été inhumée à **Fontevrault**.
2. *L'abbesse Marie de Bretagne et la réforme de l'Ordre
de Fontevrault*, par Alfred Jubien, Angers, 1872.

moment de la réparer. La voûte de la nef est formée
de quatre coupoles. Les cintres de l'abside et des
transepts paraissent, par un ingénieux trompe-l'œil,
portés sur des arcs en plate-bande dont la retombée
s'appuie sur de hautes colonnes engagées. Toute
cette architecture est d'une grande hardiesse qui
fait pressentir les audacieuses envolées de l'art
gothique. Les cloîtres et les bâtiments qui restent de
l'abbaye sont convenablement entretenus. Et cependant, on aimerait mieux voir ces vastes édifices
sans toit ni voûte sous le ciel, et l'herbe pousser
entre les dalles, et les portiques disjoints et rompus,
et les lierres et les ronces envahir de leur verdure
fougueuse les fenêtres sans vitrail, plutôt que de
respirer cette atmosphère de prison qui contamine
ces nobles murailles et les salit d'une lèpre invisible !

Depuis un siècle on ne savait plus où se trouvaient
les sépultures des rois.

Les statues tombales des Plantagenets étaient en
dernier lieu dans une chapelle latérale séparée de
l'église par une grille massive.

Les illustres gisants sont représentés avec les vête-
ments et les attributs royaux. Aliénor tient dans sa
main un livre ouvert. Richard Cœur de Lion et
Henri II ont les doigts allongés sur leur sceptre. Ces
trois statues sont en pierre coloriée et paraissent un
peu plus grandes que nature. Elles sont l'œuvre
d'artistes inconnus du XIIIe siècle.

Une quatrième statue en bois, plus petite, est celle d'Isabelle d'Angoulême, veuve de Jean sans Terre, qui, après la mort du roi son mari, revint en France et épousa en 1220 son ancien fiancé le comte de la Marche[1]. Elle mourut en 1246 et voulut être ensevelie dans le caveau des religieuses ; mais son fils, le roi d'Angleterre Henri III, étant venu à Fontevrault, fit exhumer le corps de sa mère qui fut transporté dans la crypte des rois.

A plusieurs reprises le gouvernement anglais sollicita de la France la cession de ces statues tombales que les Anglais eussent désiré voir transférer à Westminster. Mais l'opinion publique en France et surtout en Anjou s'insurgea avec raison contre toute proposition de ce genre.

Il est juste que nous gardions ces beaux monuments du temps où des seigneurs français étaient rois d'Angleterre.

Où se trouvait donc cette crypte sépulcrale des rois ?

Au mois de juin 1910, en démolissant un mur adossé au mur du transept, des ouvriers ont mis à jour des inscriptions et des traces d'ornementation picturale sur le mur nord-est du transept.

Il semble que ce fut là l'emplacement du monument dit *Mausolée des rois* dont il existe une estampe dans la collection Gaignières à la Biblio-

[1].Manuscrits de dom Fonteneau, Bibliothèque de Poitiers, t. XXVII *ter*, p. 81 et 89. — Dom Martène, *Amplissima collectio*, t. I, p. 271.

thèque nationale. Autant qu'on peut en juger d'après cette estampe, ce monument aurait été construit à la fin du xvie siècle.

Les inscriptions se lisent ainsi de gauche à droite : ..., T dernière lettre d'un nom effacé, probablement Elisabet (à cette époque les deux formes Isabelle et Elisabet s'employaient indifféremment) puis Richard, Aliénor, Henri.

En regard de ces inscriptions on trouva les quatre cercueils de pierre avec leurs funèbres restes.

Mais il est évident que la sépulture primitive n'était pas là. Elle était dans le chœur. Il est probable que ce fut une des abbesses réformatrices de l'Ordre, Renée de Bourbon, qui déplaça les tombes et fit transporter les ossements là où on vient de les retrouver, lorsqu'en 1504 elle fit poser la grande grille qui fermait l'entrée du chœur[1].

Rien n'est resté du monument dont parle Dumoustier, qui représentait Henri Plantagenet assis et son fils Richard prosterné à ses pieds[2].

Une des filles d'Henri Plantagenet, Jeanne, qui épousa Guillaume VI roi de Sicile, et en seconde noces Raymond VI comte de Toulouse, avait été également inhumée à Fontevrault. Près d'elle reposait son fils Raymond VII comte de Toulouse, dont l'histoire se confond avec celle de la triste guerre religieuse ordonnée par le pape Innocent III contre

---

1. Alfred Jubién, ouvrage cité.
2. *Essais sur Chinon.*

les Albigeois. Mais on n'a jusqu'à présent trouvé aucun indice relatif à ces deux sépultures.

Voici le texte de l'épitaphe de Richard Cœur de Lion qui nous a été conservé par les chroniques :

PICTAVUS EXTA DUCIS TELLUSQUE CHALUTIS ;
CORPUS DAT CLAUDI SUB MARMORE FONTIS-EBRALDI ;
NEUSTRIA TUQUE TEGIS COR INEXPUGNABILE REGIS.
SIC LOCA PER TRINA SE SPARSIT TANTA RUINA,
NEC FUIT HOC FUNUS CUI SUFFICERAT LOCUS UNUS[1].

« Le Poitou et aussi la terre de Châlus ont les
entrailles de leur duc ;
Son corps est renfermé sous le marbre de
Fontevrault ;
Et toi Neustrie tu gardes le cœur invincible du Roi.
Ainsi, dans trois lieux différents ces restes si
glorieux se sont dispersés ;
Ce cadavre n'était pas de ceux à qui suffit un seul
tombeau. »

— L'épitaphe du roi Henri II exprime en assez bon latin de graves pensées sur la néant des grandeurs humaines.

REX HENRICUS ERAM. MIHI PLURIMA
REGNA SUBEGI ;

1. J.-F. Bodin, *Recherches historiques sur Saumur*, t. I, p. 21.

MULTIPLICIQUE MODO DUXQUE COMESQUE
FUI.
CUI SATIS AD VOTUM NON ESSENT OMNIA TERRÆ
CLIMATA,
TERRA MODO SUFFICIT OCTO PEDUM.
QUI LEGIS HÆC, PENSA DISCRIMINA MORTIS,
ET IN ME
HUMANÆ SPECULUM CONDITIONIS HABE :
SUFFICIT HUIC TUMULUS CUI NON SUFFICERAT
ORBIS !

« J'étais Henri Roi. J'ai soumis
De nombreux royaumes,
Et j'étais plusieurs fois Duc
Et Comte aussi.
Celui pour l'ambition duquel ce n'était pas assez
De toutes les régions de la terre,
Une terre de huit pieds aujourd'hui lui suffit.
Toi qui lis ces choses pense aux déchéances de la
Mort ;
Et contemples en moi
L'exemple de la condition humaine :
Une tombe suffit à qui ne pouvait suffire
L'Univers ! »

LES ROIS DE FRANCE

CHAPITRE VI

Le Château est agrandi par Philippe-Auguste. — L'armée
du prince Louis se concentre à Chinon en 1214 pour marcher contre Jean sans Terre.—Une trêve est signée à Chinon le 18 septembre ; et, en 1225, le roi Louis VIII y signe
deux traités avec le roi d'Angleterre Henri III, et avec les
seigneurs de Thouars. — La reine Blanche de Castille et
son fils le roi Louis IX séjournent à Chinon en 1227. —
Le roi Louis IX, en 1242, y convoque le ban de sa noblesse
pour son expédition contre le comte de la Marche et le
roi Henri III. — Le Château prison d'État sous Philippe
le Bel. — Jacques Molay, Grand-Maître des Templiers, et
quelques-uns des chevaliers de l'Ordre, détenus au château, y sont interrogés par une commission pontificale.—
Un autodafé de Juifs à Chinon en 1321. — La première
enceinte de la Ville. — Les ducs apanagistes de Touraine.
— Le Roi installe à Chinon le Bailli des Ressorts et
Exemptions de Touraine, d'Anjou et du Maine — Les
Bourguignons maîtres de Chinon en 1413. — La Ville est
reprise l'année suivante. — Le Dauphin Charles, duc de
Touraine et régent du royaume.

Philippe-Auguste, maître de Chinon, s'empressa
de remettre le château en état, et de réparer les
brèches que les machines de ses ingénieurs, avaient

ouvertes. Il fit construire, sur la face sud du fort du
Coudray, la tour de Boissy qui existe encore, et
qu'une restauration maladroite, au siècle dernier,
a couronnée de créneaux ridicules. Il fit aussi suré-
lever le donjon dont les étages supérieurs furent
reliés à cette tour par des ouvrages aujourd'hui dis-
parus [1].

Chinon était en quelque sorte pour lui une place
frontière, car le Poitou n'était pas sûr. En cette
même année 1205, Jean sans Terre était débarqué
à La Rochelle, et le vicomte de Thouars, un des plus
puissants seigneurs du Poitou, dont les fiefs joi-
gnaient immédiatement le Chinonais, avait pris
parti pour lui. Une trêve fut consentie entre les
deux rois par un traité signé à Thouars, le 12 octobre
1205 [2].

Au printemps de l'année 1214, le roi Jean tenta
une seconde expédition et débarqua encore à La
Rochelle. Les principaux seigneurs du Poitou, Por-
celin, Savary de Mauléon, Aimery de Thouars, se
rallièrent à sa cause. et il parut bientôt devant
Angers qui lui ouvrit ses portes [3].

C'étaient là des succès brillants mais précaires.
Les hommes des fiefs ne soutenaient qu'avec mol-
lesse leurs seigneurs. La renommée du roi de
France leur inspirait autant de respect que de crainte,
et il se formait déjà dans les esprits une notion de

1. De Cougny, *Notice sur le château.*
2. Duchesne, *Script. rerum norman*, p. 1061.
3. **Guillaume Le Breton**, *Philippide, Chants IX et X.*

la puissance publique. Rien n'était acquis à Jean, tant qu'il n'aurait pas affronté le choc de l'armée française.

Le roi Philippe-Auguste était alors en Flandre où il faisait face à l'Empereur. Le prince Louis, son fils, concentra rapidement une armée à Chinon. Il était accompagné d'une brillante chevalerie : Guillaume des Roches, que Philippe avait nommé sénéchal à titre héréditaire des trois provinces d'Anjou, Maine et Touraine ; Amaury de Craon, son gendre ; Pierre Mauclerc, comte de Bretagne, et Pierre de Dreux, son frère, commandaient d'excellentes troupes bien équipées et disciplinées [1].

Le roi Jean assiégeait le château de la Roche-au-Moine, sur la Loire, à trois lieues au-dessous d'Angers. Louis partit de Chinon et vint lui offrir la bataille. Jean s'enfuit honteusement à son approche, et les seigneurs poitevins qui tentèrent de résister furent entièrement défaits (2 juillet 1214). Jean se réfugia à La Rochelle, où il eut la douleur d'apprendre l'éclatante victoire du roi Philippe-Auguste à Bouvines, le 27 juillet 1214.

Le prince Louis fit raser les murailles de la ville d'Angers et de la châtellenie de Thouars. Philippe-Auguste, à son retour des Flandres, vint à Loudun recevoir la soumission des barons du Poitou et de

---

1. Petit-Dutaillis, *Étude sur la vie et le règne de Louis VIII.* Paris, 1894. — Guillaume le Breton, *Chronique en prose,* § 179.—Jehan de Bourdigné, *Annales et Chroniques d'Anjou,* 1529, in-f°. **Biblioth. de Tours.**

l'Anjou. Jean serait infailliblement tombé en son pouvoir si le pape Innocent III ne lui eût accordé sa protection. A la prière du légat, Philippe consentit une trêve de cinq ans, par un traité qui fut signé à Chinon, le 18 septembre 1214 [1].

Après la mort de Jean sans Terre (19 oct. 1216), Philippe-Auguste accorda au jeune roi Henri III, fils de Jean, une prolongation de la trêve jusqu'à Pâques de l'année 1224.

Désireux de s'attacher les seigneurs de Touraine, le roi de France avait créé dans la province cinquante-cinq chevaliers bannerets qui firent preuve de leur bravoure et de leur fidélité sur le champ de bataille de Bouvines.

Beaucoup de ces noms, cités par Duchesne [2], paraissent étrangers à la région. Ce sont probablement ceux de seigneurs d'autres provinces qui possédaient des fiefs en Touraine. Voici les noms de ceux qui intéressent le Chinonais : Barthélemy de l'Isle, seigneur de l'Isle-Bouchard ; Hémery fils d'Ivon, qu'on suppose être un cadet de la maison de l'Isle-Bouchard ; Hughes de Bauçay, dont la seigneurie de Bauçay était à mi-chemin de Loudun ; Josselin de Blo, seigneur de Champigny ; Jehan d'Alais, sire de Château (aujourd'hui Château-la-

1. Rimer, t. I, p. 63.
2. *Rerum norman.*, p. 1033, *Historia Francorum*, t. V., p. 264, et Chalmel, *Tablettes chronologiques de Touraine,* Tours, 1818.

Vallière); le seigneur de Montsoreau; le seigneur de Chavigny, qui peut aussi bien être un seigneur de Chauvigny, en Poitou [1]; Guillaume de Mirmande ou Marmande; Pierre Achard, seigneur de Pommiers; le seigneur de Saint-Michel; Hughes Ridel, seigneur d'Azay [2].

Après la mort de Philippe-Auguste (14 juillet 1222) son fils, le roi Louis VIII, attendit l'expiration de la trêve pour entrer en campagne. Il s'empara en moins d'un an de Niort, de Saint-Jean-d'Angely et de La Rochelle.Cette fois encore le pape intervint en faveur du roi d'Angleterre. Son légat, le cardinal romain Frangipani, cardinal-diacre de Saint-Ange, vint trouver le roi de France à Chinon, au mois de juin 1225, et obtint de lui une nouvelle trêve [3].

Le 2 juillet suivant, le roi signait à Chinon un traité avec Aimery et Hughes de Thouars qui, dans le même mois, allèrent à Paris faire, en assemblée solennelle, déclaration d'hommage lige au roi.

Louis VIII mourut le 8 novembre 1226.

Le nouveau roi Louis avait onze ans, et la reine, Blanche de Castille, s'empara du gouvernement.

---

1. Duchesne écrit « de Calvigniaco ».
2. Duchesne cite également dans ses deux recueils, Simon de Samau qu'il orthographie une autre fois Simau. Chalmel s'en tient à la forme Samau, dont il fait Sammaura, c'est-à-dire, d'après lui, Sainte-Maure.Mais il existait en Poitou une seigneurie de Simaux, qui relevait de Lusignan. Au xvie siècle, elle appartenait à Jacque du Fou, marié à Jeanne d'Archiac (*Inventaire des Archives de la ville de Poitiers*, p. 288).
3. Petit-Dutaillis, p. 262 et suiv.

Hugues de Lusignan, comte de la Marche qui, ainsi que nous l'avons dit, avait épousé la veuve de Jean sans-Terre, fit alliance avec son beau-fils, le roi d'Angleterre, et fomenta contre la régente une coalition à laquelle prirent part : Thibault IV, comte de Champagne ; le vicomte de Thouars ; Guillaume Larchevêque, seigneur de Parthenay ; et Pierre Mauclerc, comte de Bretagne. Les rebelles avaient réuni des troupes à Thouars, et menaçaient la Touraine. Mais la reine Blanche, par sa volonté ferme, son intelligence éclairée, et son habileté de femme, sut parer à ce grave danger.

Cette fois encore ce fut à Chinon que se concentra l'armée royale.

La reine Blanche y arriva, au mois de février 1227, avec le jeune roi, le cardinal de Saint-Ange dont elle avait fait son conseiller, Philippe Hurepel, comte de Boulogne, et Robert Gâteblé, comte de Dreux, frère de Pierre Mauclerc.

Le 23 février, son avant-garde était à Loudun.

Elle tint une sorte de Parlement qui dura vingt jours, dans un lieu dit « la Charrière » près de Curcay, à mi-chemin de Loudun et de Thouars, et réussit à détacher de la coalition, le plus puissant de ses adversaires, le comte de Champagne, qui d'ailleurs s'était pris d'une passion chevaleresque pour la belle et vertueuse reine.

Hugues de la Marche et Pierre Mauclerc furent sommés de comparaître à Chinon devant la Cour Royale.

Mais ayant fait défaut, ils furent cités à nouveau devant un Parlement spécialement convoqué à Vendôme le 16 mars 1227, et, cette fois, ils firent leur soumission à la régente [1].

Le roi Louis fit encore un assez long séjour à Chinon en 1242.

L'année précédente, il avait réuni à Saumur, avec un somptueux apparat, une cour plénière des grands vassaux de la Couronne, et donné à son frère Alphonse le comté de Poitiers [2].

Hugues de la Marche devait l'hommage au nouveau comte, mais sa femme Isabelle avait gardé trop vivace le souvenir du temps où elle était reine, pour se résigner à devenir la vassale d'un vassal du roi de France. Elle détermina Hugues à faire un affront public au frère du roi (Noël 1241).

Louis IX convoqua aussitôt à Chinon, pour le lendemain du jour de Pâques de l'an 1242, le ban de sa noblesse. Son armée comptait quatre mille chevaliers, conduits par Eschivard, baron de Preuilly, et le vicomte de Châtelleraud, Jean Ier ; deux mille gens d'armes, et un grand nombre d'hommes de pied des milices communales, en tout une vingtaine de mille hommes.

Isabelle de la Marche ne manqua pas d'appeler à son aide ses deux fils, Henri III roi d'Angleterre

---

1. Dumoustier de la Fond, *Essais sur l'Hist. de la ville de Loudun*. Poitiers, 1778, p. 18. — Elie Berger, *Hist. de Blanche de Castille*. Paris, 1895, p. 81 et s.

2. Joinville.

et Richard de Cornouailles, qui lui-même avait reçu de son frère l'investiture du comté de Poitou.

La campagne se termina par les glorieuses victoires du roi de France à Taillebourg et à Saintes [1]. Le vieux comte de la Marche et sa femme subirent humblement des conditions très dures [2].

Par contre, Louis se montra plein de modération à l'égard du roi d'Angleterre, et lui consentit une trève qui se prolongea plusieurs années.

L'œuvre politique, législative, administrative et judiciaire de Saint Louis est trop vaste pour qu'il me soit permis d'en parler. Elle a transformé la société encore à demi barbare. La Touraine, depuis Philippe-Auguste, n'avait vu passer que des armées disciplinées et victorieuses : La ville de Chinon profitait de la prospérité générale de la province.

A cette époque, l'art gothique enrichit la France de merveilles. L'église de Candes, à quatre lieues de Chinon, est justement admirée pour la hauteur de ses voûtes, l'élégance des piliers formés d'un faisceau de colonnettes, l'heureuse dispersion des lumières, et son portique extérieur, dont les arcs, jaillis d'un pilier central, supportent une chapelle accolée à mi-hauteur de la façade.

Le roi Philippe III, fils de Saint Louis a daté de

1. Bouchet, *Annales d'Aquitaine*, 4ᵉ partie ; cet auteur relate un curieux fait d'armes du vicomte de Châtelleraud.
2. Dom Fonteneau, Manuscrits de la Bibl. de Poitiers, t. XXVII, *ter*., p. 689.

Chinon deux chartes, l'une en janvier 1271, concernant les religieux de Cormery, et l'autre au mois de mai 1275, en faveur de l'abbé de Bourgueil[1].

Sous Philippe le Bel, le château de Chinon servit de prison d'État.

Au commencement de l'an 1300, le comte Guy de Flandre étant venu à Paris avec deux de ses fils, Robert et Guillaume, pour solliciter la paix, Philippe les garda traîtreusement prisonniers, et Robert fut enfermé au château de Chinon, où il resta cinq ans[2].

On a trace du séjour du roi à Chinon en mai 1302. Il y signa des lettres au profit des Frères de l'Hôtel-Dieu par lesquelles il leur consentait certains usages dans la Basse-Forêt[3].

Puis vint l'affaire des Templiers.

Il est au château de Chinon, dans le donjon du Coudray, une salle ronde, voutée en ogive, d'à peu près six mètres de diamètre. La muraille, en pierres de taille, à dix pieds d'épaisseur. De larges embrasures vont se rétrécissant jusqu'à la paroi extérieure, et se terminent en meurtrières étroites qui laissent passer juste assez de jour pour faire une demi-obscurité. Cette salle est de plain pied avec les terrasses. Il y a un étage au-dessous dont la disposition est la même, et un étage supérieur qui,

1. Dom Housseau, t. V, 3247, 3280.
2. Chalmel, *Tablettes chronologiques*, Tours, 1818.
3. Document inédit cité par M. Eugène Pépin, dans son livre sur *les Forêts de Chinon*, p. 229.

autrefois, communiquait avec un chemin de ronde. C'était par là seulement, c'est-à-dire par le haut, qu'on pénétrait dans la tour. Un escalier intérieur, pratiqué dans l'épaisseur du mur, assurait la communication entre les trois étages.

On entre aujourd'hui dans la salle qui est de niveau avec la terrasse, par une porte de construction relativement récente. A la condition de laisser cette porte ouverte, on peut voir, à gauche, creusés dans la pierre, des signes, des caractères, des dessins grossiers. Cinq mots en lettres gothiques sont les seuls qui soient lisibles : *Je requier à Dieu pardon.* On distingue encore quelques figures de blason, des croix, des profils de personnages prosternés. L'un d'eux a un costume mi-partie ecclésiastique et militaire; une robe longue, l'écu et l'épée.

Ces inscriptions proviennent assurément des chevaliers du Temple qui furent enfermés au château pendant plusieurs mois.

Ce fut le vendredi 13 octobre 1307 au matin, que sur un ordre du roi, tenu jusqu'alors secret, les gouverneurs des villes par toute la France firent emprisonner les Templiers et saisir tous leurs biens et domaines.

Il y avait à Chinon un établissement de l'ordre qui occupait deux maisons aux numéros 74 et 77 de la Grande-Rue[1]. Les noms des membres de l'ordre qui

1. Dumoustier, et de Cougny, *Chinon et ses environs* L'emplacement indiqué par Dumoustier correspond à celui qui sépare la rue de l'Ours du Puits-des-Bancs.

s'y trouvaient sont restés inconnus. Ils furent incar-
cérés au château qui bientôt devait recevoir des
captifs plus illustres.

Dans tout le royaume, des commissions spéciales
commencèrent à instruire le procès des malheureux
moines à qui la torture fit avouer tous les faits
d'impiété, d'immoralité et de magie qui leur étaient
imputés.

Certes, on peut croire que leurs mœurs étaient fort
relâchées, mais leur principal crime était d'avoir
d'immenses richesses qui excitaient les convoitises
du roi de France.

Celui-ci s'était assuré la complaisance du pape
Clément V qui lui devait son élection au trône
pontifical.

Au moi de mai 1308, le pape était à Poitiers. Il
eut sans doute quelques scrupules tardifs, car il
voulut interroger lui-même les principaux dignitaires
de l'ordre, et obtint du roi qu'ils fussent transférés
à Poitiers.

C'étaient le grand maître d'outre-mer, Jacques
Molay; le grand visiteur de France, Hugues de
Payraud (dans le texte latin *de Payraudo*); Geof-
froy de Gonaville, commandeur de Poitou et d'Aqui-
taine; le commandeur de Normandie, Geoffroy de
Charny ou Charnay (*Gaufridus de Charneio*); et
Guy frère de Robert, Dauphin d'Auvergne.

On les amena donc de prison en prison. Mais le roi
ne tenait pas à ce que ces hommes habiles et élo-
quents eussent une entrevue avec le pape; car aussi-

tôt qu'ils furent rendus à Chinon, il donna ordre de les y retenir, prétextant que leur état de santé ne permettait pas qu'on leur fît continuer le voyage [1].

Clément V délégua alors trois cardinaux : Bérenger, Étienne de Susy et Landulphe de Saint-Angeli, pour aller les interroger. Ils arrivèrent à Chinon le samedi après l'Assomption, et le mardi suivant ils écrivaient directement au roi une lettre dont je cite seulement quelques extraits :

... Tous, abjurant toute hérésie, demandèrent l'absolution de leurs fautes ; nous la leur avons accordée et les avons admis aux sacrements. Or, Illustre Prince, comme lesdits frères... méritent sincèrement pardon devant Dieu et devant les hommes, nous supplions affectueusement Votre Majesté de recevoir favorablement leur prière, parce qu'ils se sont ainsi rendus dignes de votre miséricorde. — Écrit au château de Chinon, le mardi après l'Assomption de l'an 1308.

L'année suivante, les cinq prisonniers étaient ramenés à Paris pour y être interrogés par une autre commission pontificale. Jacques Molay comparut le 26 novembre 1309. Il eut une crise de fureur lorsqu'on lui donna lecture des aveux qu'il avait faits à Chinon. *Ces pervers*, s'écria-t-il (les cardinaux), *méritent les supplices que les Sarrasins et les Tartares infligent aux imposteurs ; on leur fend le ventre et on leur coupe la tête !*

1. Pour tous les détails sur les Templiers : Michelet, *Procès des Templiers*, Paris, 1841-1851. — Lavocat, *Procès des frères de l'Ordre des Templiers*. **Paris, 1888.**

Puis aussitôt après, il se ravisa, et sa défense devint hésitante et équivoque. Il en fut de même pour les autres chefs de l'ordre qui furent interrogés plus tard. Le grand maître et le commandeur de Normandie, Geoffroy de Charnay, ne rétractèrent formellement leurs aveux que le lundi 11 mars 1314, déclarant qu'ils n'avaient parlé *que par complaisance pour le pape et pour le roi.* Cette rétractation entraîna pour eux la condamnation au supplice du feu, et ils furent brûlés vifs comme relaps le même jour dans l'île aux Juifs.

Ainsi il est certain qu'ils avaient avoué, puisqu'ils le reconnaissent. Ils n'ont pas été mis à la torture, car ils n'auraient pas manqué de le dire lorsqu'ils rétractèrent leurs aveux, qu'ils n'avaient fait que par complaisance, ont-ils déclaré. Ils ont fait ces aveux presque spontanément, en tout cas dans un temps très court qui exclut toute idée d'une pression obsédante et continue. Les cardinaux, en effet, sont arrivés à Chinon le samedi, et c'est le mardi suivant qu'ils écrivaient au roi. — Que s'est-il donc passé? — Les cardinaux, obéissant aux instructions du pape, ont dû tenir à Jacques Molay et à ses compagnons le discours suivant :

Votre ordre est condamné et vous ne pouvez rien pour le sauver. Mais vous vous sauverez, vous, si vous faites les aveux qu'exigent le pape et le roi, et vous recouvrerez votre liberté et vos biens personnels. — Il est très probable que les cardinaux étaient de bonne foi en ce sens qu'ils croyaient que leurs promesses seraient tenues. Les termes de leur lettre semblent l'indiquer. Mais le roi Philippe le Bel ne voulut pas laisser vivre ces hommes redoutables par leur prestige et leur valeur et qui par le scandale de leurs révélations auraient agité toute la chrétienté.

Sous le règne de Philippe V dit le Long, une persécution contre les Juifs paraît avoir été également une opération financière. En dehors de la réprobation qui pesait sur leur race, on s'expliquait mal ce mécanisme de l'usure par lequel, en quelques années, ils dépouillaient les chrétiens, à qui l'Église défendait de prêter, mais non d'emprunter à intérêts. On les accusa d'avoir, de concert avec les lépreux, empoisonné les sources et les rivières par d'abominables mixtures, et plusieurs, ne pouvant résister à la torture, firent des aveux. Il y eut un peu partout de déplorables exécutions. A Chinon, en 1321, cent soixante Juifs furent brûlés vifs dans l'île. On avait creusé une grande fosse dont le fond était garni de fagots enflammés, et on les y jeta pêle-mêle, hommes, femmes et enfants. La synaguogue a mis au nombre de ses saints le liturgiste Nethanel, Rabbi de Chinon, qui fut une des victimes [1].

Vers le milieu du xive siècle, pour protéger la ville contre les tentatives des Anglais, qui, maîtres de la

---

[1]. Henri Martin; Lavisse, *Hist. de France*, d'après le continuateur de Naugis.

Guyenne ne désespéraient pas de reprendre leurs anciennes provinces, on construisit la magnifique tour à l'entrée du château, dite tour de l'Horloge, et une première partie de l'enceinte, au long de la Vienne, depuis la porte du Vieux-Marché, jusqu'aux Halles[1].

La Touraine, avec la châtellenie de Chinon, fut donnée en apanage à Louis de France, déjà duc d'Anjou, par le roi Charles V son frère. Les lettres patentes sont datées de Vincennes le 16 mai 1370.

Ces donations dont nous aurons à citer d'autres exemples, étaient ordinairement viagères, quelquefois transmissibles aux héritiers mâles, mais en fait elles furent toujours révocables au gré du souverain, moyennant une compensation dont il restait seul juge.

Elles conféraient seulement la jouissance de ce qu'on appelait *l'utile*, ainsi qu'on en peut juger par ce passage de l'Ordonnance de Vincennes : *Étant retenu et réservé à nous et à nos successeurs roys, l'ommage-lige et tout droit de ressort, souveraineté, exemptions, et tous autres droiz royaux audit duché, pour lesquelles chouses réservées et les autres droiz royaux que nous avons es païs voisins faire et exercer, nous aurons siège et lieu royal à Chinon pour nos officiers que à ce établirons* [2]...

Le roi installait d'ailleurs aussitôt après à Chi-

1. Grimaud, *Chinon à travers les âges*, p. 20, et de Cougny, *Notices sur Chinon*.

2. *Cart. de l'Arch. de Tours*, publié par M. de Grandmaison, t. I, p. 295 et Dom Martène, *Thesaurus anecd.*, t. I, p. 1852.

non, un Bailli des ressorts et exemptions de Touraine, d'Anjou et du Maine, et écrivait de Paris, le 5 décembre, pour bien spécifier quels étaient les droits réservés dont cet officier aurait à assurer la conservation en cas d'empiétement de la part des gens du duc apanagiste [1].

Le duché de Touraine passa, en novembre 1386, au frère du roi Charles VI, Louis, qui le rétrocéda plus tard au roi en échange du duché d'Orléans ; puis, en 1411, à Jean, un des fils de Charles VI [2].

La ville de Chinon fut occupée en 1413 par les hommes du duc de Bourgogne, qui en donna le commandement à Jean Pastoureau dit *Tailloche* [3].

Mais l'année suivante le sire Raoul de Gaucourt la reprit pour le roi. Il avait fait cette expédition entièrement à ses frais, et dépensé la somme, énorme pour l'époque, de douze mille écus d'or. Le Trésor royal ne put le rembourser. On lui donna plus tard le commandement du château et de la ville ; il transmit cette charge à son fils Charles, et ce fut le roi Louis XI qui s'acquitta vis-à-vis de celui-ci des avances faites par le père [4].

Le duc Jean de Touraine mourut en 1416. Charles comte de Ponthieu, seul survivant des fils de Charles VI, était dans sa quatorzième année. Le connétable d'Armagnac lui fit concéder par l'infor-

1. Dom Housseau, t. VIII, n° 3678.
2. *Ibid.*, t. VIII, n° 3726 et t. IX, n° 3808.
3. Chalmel, *Hist. de Touraine*, t. III, p. 88.
4. *Ibid.*, p. 84.

tuné Charles VI le Berry, le Poitou, et un peu
après, le duché de Touraine. Le jeune duc quitta
Paris dans la nuit tragique du 29 mai 1418 où la
capitale tomba au pouvoir des Bourguignons.

La France semblait perdue. Un roi dément, la reine
Isabeau de Bavière prenant les armes contre son
fils, le roi d'Angleterre, à la tête d'une armée victorieuse, prêt à être reconnu comme le légitime héritier du trône de France ; tout le royaume ruiné et
déchiré par les querelles sanglantes des Armagnacs
et des Bourguignons ; les capitaines et gouverneurs
ne sachant plus à qui ils devaient obéissance ; telle
était la situation que dut envisager le jeune Dauphin
qui, à ce titre, ajouta résolument celui de Régent du
royaume qu'il lui fallait conquérir et réédifier.

CHAPITRE VIII

Prise d'Azay par le Dauphin. — Tours lui ouvre ses portes.
— Mort du roi Charles VI. — Le duché de Touraine et le
château de Chinon sont donnés en apanage. — Le Connétable de Richemont à Chinon. — Ses procédés expé-
ditifs. — Intrigues de la Trémoille. — Détresse du roi. —
Assemblée des États à Chinon au mois de septembre 1428.
— Le Siège d'Orléans. — Jeanne d'Arc à Chinon. — Sa
réception au château dans la Chambre du roi. — L'entretien secret. — Jeanne d'Arc est envoyée à Poitiers pour y
être interrogée par des prélats. — Son retour à Chinon.
— Dernières tergiversations. — Enthousiasme populaire.
— Elle part de Chinon à la tête d'une armée pour secou-
rir Orléans. — Après la levée du siège elle revient à Chinon et fait décider la marche sur Reims. — Elle y revient
encore après l'assaut infructueux tenté contre Paris, pour
solliciter des secours. — Elle importune. — Le hasard de
Compiègne ? — Inertie du roi pendant son procès. — Jeanne
d'Arc et la Patrie.

De son duché de Touraine, le Dauphin ne possédait guère que la place de Chinon. Tours était aux
Bourguignons. Il entreprit tout d'abord de l'assiéger et il eût peut-être négligé Azay, qui se trouvait
sur sa route, si les hommes du parti des Bourguignons, qui occupaient le château, ne l'eussent insulté
par huées et par gestes du haut des tours. Le Dau-

phin jugea un premier exemple nécessaire. Le
château fut pris d'assaut. Le capitaine qui le commandait, eut en sa qualité de gentilhomme la tête
tranchée, et les soldats qui lui restaient furent
pendus aux créneaux et aux fenêtres. Ils étaient
trois cent cinquante-quatre [1] ! C'étaient les mœurs
de l'époque. La reine Isabeau, de son côté, avait
ordonné la confiscation des biens de ceux qui soutenaient la cause de son fils [2]. Les habitants de Tours
ouvrirent leurs portes et obtinrent des lettres d'abo-
lition du crime de révolte, qui leur furent données
le 30 décembre [3]. Et le 2 janvier (1419), le gouverneur du château, un Breton nommé Charles Labbé,
à qui l'événement d'Azay inspirait quelque prudence,
fit sa soumission [4].

Le meurtre du duc de Bourgogne sur le pont de
Montereau, par des partisans trop zélés du Dauphin,
porta au paroxysme la fureur des factions (10 septembre 1419).

Charles concentra ses forces en Touraine et pour
se procurer quelques ressources céda à bail au
sieur Marc-Desbatons, pour une redevance annuelle
de deux millions six cent mille livres, la frappe des
monnaies dans plusieurs villes, parmi lesquelles Chinon (14 octobre 1419) [5].

1. *Tablettes chronologiques.* Dumoustier, d'après l'abbé
Velly.
2.-3. Manuscrits de dom Housseau, t. IX, nᵒˢ 3826-3832.
4. *Histoire mémorable...*, par Alain Chartier. Nevers,
1594.
5. Chalmel, *Mélanges hist.*, à la suite des *Tablettes*, p. 353.

Pendant trois ans, la guerre se poursuit sans résultats appréciables. Le Dauphin est le plus souvent à Chinon, mais il parcourt de temps à autre le Berri, le Poitou et le Languedoc, sollicitant des secours en hommes et en argent.

Il se trouvait au château de Mehun, en Berry, lorsqu'il apprit la mort de son père survenue le 21 octobre 1422. Les capitaines qui se trouvaient avec lui l'acclamèrent aussitôt au cri de : Vive le roi Charles VII ! mais cette royauté paraissait à tous bien fragile et précaire, et les Bourguignons aussi bien que les Anglais ne se faisaient pas faute de railler celui qu'ils appelèrent le petit roi de Bourges. Il donna en douaire à sa femme Marie d'Anjou, fille du roi de Sicile, le duché de Touraine (29 mai 1423) : mais l'année suivante il fut obligé de le lui reprendre pour le donner, en récompense d'éclatants services, au comte Archibald de Douglas, qui, pour la seconde fois, lui amenait d'Écosse une petite armée (avril 1424). La ville et le château de Chinon étaient compris dans cette donation.

Le comte de Douglas, son second fils Jacques et son gendre Stuart, comte de Buchan, furent tués quelque temps après à la désastreuse affaire de Verneuil. Le duché de Touraine avec le château de Chinon, passa alors, toujours sous réserve des droits royaux, à Louis d'Anjou, frère de la reine, qui, plus tard, renonça au bénéfice de cette donation, et rétrocéda son apanage au roi [1].

1. Chalmel, *Histoire de Touraine*.

La détresse de Charles était extrême. On a cité bien souvent les vers de Martial d'Auvergne, tirés de son poème *les Vigiles du roi Charles VII* :

> Un jour que La Hire et Pothon
> Le viendre veoir, pour festoyement
> N'avait qu'une queue de mouton
> Et deux poulets tant seulement ...

Sa garde-robe n'était pas mieux fournie que sa table si l'on en juge par une note du sieur Ménage, receveur des deniers royaux à Chinon, constatant l'emploi de vingt sols, *pour manches neuves mises à un vieil pourpoint du roi*[1].

Il avait autour de lui des favoris indignes, mais aussi quelques bons conseillers et de vaillants capitaines qui réussirent à gagner Arthur, comte de Richemont, frère du duc de Bretagne et qui passait à juste titre pour le meilleur chef de guerre de l'époque[2]. Cette négociation fut laborieuse, tant Arthur de Richemont se montra défiant et irritable. Il fallut lui donner Chinon, Lusignan, Loches et

---

1. *Les Antiquités de la ville de Chinon*, manuscrit anonyme publié par M. Tourlet. Loudun, 1896.

2. M. Lavisse dans son *Histoire de France*, manifeste une médiocre sympathie pour Arthur de Richemont. Je crois cependant que tout compte fait de ses tergiversations, de ses exigences et de son peu de scrupule sur le choix des moyens, on doit reconnaître en lui un grand serviteur de la patrie. Très résolument il a entrepris de refaire la France, malgré les mauvais procédés dont il était victime de la part du roi, et son nom doit rester associé à celui de Jeanne d'Arc dans notre reconnaissance.

Mehun-sur-Yèvre, et la dignité de connétable de France, qui avait appartenu au comte de Buchan.

Ce fut à Chinon, le 7 mars 1425 qu'il vint rendre hommage au roi, et recevoir de lui l'épée de connétable. Cette cérémonie s'accomplit avec une grande solennité. Le roi était entouré des vaillants capitaines qui soutenaient sa fortune, et qui tous pensaient aux grandes choses qu'ils pourraient accomplir sous le commandement de celui qu'ils considéraient comme leur maître dans la science de la guerre. Il y avait là le Bâtard d'Orléans, qui fut plus tard le comte Dunois, Pothon de Xaintrailles, Étienne de Vignolles dit La Hire, le sire de Gaucourt et plusieurs autres capitaines et grands seigneurs du royaume.

Le connétable donna le commandement de son château de Chinon à Guillaume Bélier qui possédait des fiefs importants en Chinonais, du chef de sa femme, fille de Jean de Maillé, seigneur de Cravant et de Narçay[1].

Richemont fut paralysé dans ses efforts par les intrigues des favoris. Il se débarrassa successivement du sire de Giac qu'il enleva la nuit dans son lit, à Issoudun, et qui fut jeté à l'eau, lié dans un

1. Chalmel, *Hist. de Touraine*, t. III, p. 88. — De Cougny, Sur Chinon.

sac ; puis de Camus de Beaulieu qu'il fit assassiner à Poitiers (1427) [1].

Cela fait, il choisit lui-même pour premier ministre du roi, le sire de La Trémoille. Ce fut un choix déplorable. Ce La Trémoille, qui avait alors une quarantaine d'années, était cynique et cupide. C'est une des vilaines figures de notre histoire. Il avait aidé le connétable à faire disparaître de Giac, et aussitôt après il avait épousé la veuve qui était de la maison des seigneurs de l'Isle-Bouchard [2].

La Trémoille eut tôt fait de provoquer une rupture entre le roi et le connétable. La femme de Richemont, Marguerite de Bourgogne, veuve du premier Dauphin, et duchesse de Guyenne, était dans sa ville de Chinon, lorsque le gouverneur, Guillaume Bélier, livra traîtreusement les portes aux gens du roi. La duchesse se retira à Parthenay, qui était à son mari.

Dès lors, Charles VII établit sa cour à Chinon. C'est là que va se préparer l'effort suprême pour le salut du royaume, lorsqu'au mois d'août 1428, on apprend que les Anglais sont en grandes forces du côté d'Orléans.

Le roi convoqua aussitôt à Chinon une assemblée des États, comprenant des députés des trois ordres des provinces qui étaient encore soumises à son pouvoir. Ce fut véritablement une Assemblée natio-

---

1-2 Jean Chartier, *Chronique de Charles VII*, publiée par Vallet de Viriville. Paris, 1858. — Alain Chartier, *Histoire mémorable des grands troubles de ce royaume, sous le roi Charles VII...* Nevers, 1594.

nale qui, si restreinte qu'elle fût par le **nombre**,
donna un précieux réconfort au roi, en qui le peuple
voyait le défenseur naturel du patrimoine national.
Les séances durèrent tout le mois de septembre.

On trouve dans les archives de la ville de Poitiers,
à la date du 17 novembre 1428, une quittance de qua-
rante-six livres payées à Nicolas Poussart, licencié
ès lois, pour avoir été pendant vingt-trois jours à
Chinon, au mois de septembre précédent, à l'Assemblée des trois États ; et une autre de soixante-
neuf livres payées pour la même cause au maire
Jean Guischart [1].

Les États votèrent une imposition de quatre cent
mille livres. Ils décidèrent en outre que tous les pri-
vilégiés et les ecclésiastiques y contribueraient, et
qu'appel solennel serait fait à tous les barons et
seigneurs, leur enjoignant de venir se ranger sous
la bannière royale.

Le 30 octobre, Charles signait à Chinon la ratifi-
cation de la promesse de mariage de son fils Louis
avec Marguerite d'Écosse, fille du roi Jacques Ier. Le
Dauphin Louis avait cinq ans, et la future Dauphine
quatre !

Ce mariage avait été négocié l'année précédente
par Alain Chartier, secrétaire du roi, qui avait été
envoyé en Écosse comme ambassadeur extraordinaire. Il ne fut réalisé qu'en 1436.

Les opérations du siège d'Orléans avaient com-

1. *Inventaire des archives de la ville de Poitiers*, par
L. Rédet (*Mémoires des Antiquaires de l'Ouest*, t. V, p. 186).

mencé le 12 octobre. La ville était forte et bien
défendue par le sire de Boussac, maréchal de
France, les seigneurs de Graville, de Guitry, de
Coaraz-en-Béarn, de Villars, Denys de Chailly, le
commandeur de Geresme, Estienne de Vignolles,
Pothon de Xaintailles, le Bâtard d'Orléans « *qui con-
tinuellement labouroit à la défense* », le sire de Gan-
court « *qui fit de grandes vaillances* », etc. [1]. Et
comme les Anglais ne purent réussir à la bloquer
complètement, les uns ou les autres venaient fré-
quemment à Chinon presser l'envoi de secours.

Malgré la misère générale, les dons en nature et
en argent affluaient aux mains des trésoriers du
roi. Toute la vie du royaume se trouvait concentrée
à Chinon, et déjà, par la communauté des maux
soufferts et l'appréhension de dangers encore pires,
les esprits et les cœurs semblaient préparés à l'événement prodigieux qui sauva la France.

De la salle où Jeanne fut reçue par le roi, au château de Chinon, il ne reste que des pans de murs ou
des vestiges de fondations affleurant le niveau du
sol ; sa dimension était d'à peu près vingt-trois
mètres de l'est à l'ouest et onze mètres du nord
au sud. Il y avait là deux étages ; le plancher qui
les séparait a disparu. On voit par les trous où s'en-
castraient les solives, que le rez-de-chaussée était
bas. Il était affecté aux gardes et aux gens de ser-

1. Jean Chartier. Alain Chartier, déjà cités.

vice. L'appartement supérieur, dit chambre du roi, était éclairé par six fenêtres, trois sur chacun des grands côtés du rectangle. Les murs des petits côtés formaient pignon et supportaient le faitage d'une haute toiture fortement déclive. La cheminée avec ses pieds-droits, ses consoles, son manteau et sa hotte en pyramide, apparaît en l'air, accrochée au mur du pignon ouest. On accédait à cette salle par un perron de quelques marches et une porte gracieusement historiée et écussonnée.

Il ne subsiste rien de ces détails que l'on connaît seulement par le dessin de la collection Gaignières à la Bibliothèque nationale, au-dessous duquel se lit cette légende : *Veue de la Chambre du Roy Charles VII dans le Chasteau de Chinon, où il reçeut la Pucelle d'Orléans. M. le duc de Richelieu à qui appartient ledit Chasteau a donné ordre pour le démolir, 1699.*

Ce lieu est solennel et sacré.

On a placé dans l'encadrement de la cheminée un écriteau grossier avec cette mention : *Salle où Jeanne d'Arc est venue reconnaître Charles VII.* Et cela suffit pour que l'imagination fasse aussitôt revivre et se mouvoir tous les personnages qui ont vécu cette heure décisive. On se dit : « Quelque chose s'est accompli là qui a changé le destin de la France » ; et cette pensée ne vous quitte plus !

Jeanne arriva à Chinon le 6 mars.[1]. Cette date précise nous est donnée par deux contemporains, Perceval de Cagny, et le continuateur anonyme de Nangis. Elle venait de Sainte-Catherine-de-Fierbois, où, la veille, elle avait entendu trois messes. — Était-ce donc un pressentiment que cette dévotion particulière de Jeanne pour sainte Catherine d'Alexandrie, *une sainte qui disputait avec des docteurs?*— On a calculé que Jeanne avait mis onze jours pour venir de Vaucouleurs, par **Auxerre** et **Gien**. Elle avait avec elle deux modestes gentilshommes du pays lorrain ; Jean de **Novelompont**, qu'on appela Jean de Metz, et Bertrand de Poulengy ; un de ses frères, un messager royal, un archer et deux serviteurs.

A Sainte-Catherine-de-Fierbois, elle s'était logée à l'*Aumônerie ;* ce bâtiment sert aujourd'hui de mairie. Dès le 5 au matin, elle envoya à Chinon son messager pour annoncer son arrivée, et attendit une réponse qui fut évasive. On lui indiquait le logement qu'elle devrait occuper à Chinon, mais sans lui faire aucune promesse d'audience.

---

1. En ce qui concerne le séjour de Jeanne d'Arc à Chinon, il m'a été matériellement impossible de surcharger de notes justificatives chaque ligne d'un texte relativement court : j'ai consulté de préférence les ouvrages et documents ci-après : Alain Chartier et Jean Chartier, déjà cités; les chroniques à la suite, dans l'édition Vallet de Viriville de l'*Histoire de Charles VII; les Procès de Jeanne d'Arc*, par Cuicherat ; Paris, 1847, ainsi que les témoignages et documents divers qui y sont annexés, et enfin les plus récentes publications contemporaines.

Car la Cour restait perplexe. — Qu'était-ce donc que cette pucelle de dix-sept ans, envoyée par le sire de Beaudricourt, capitaine du bailliage de Vaucouleurs, et qui prétendait faire lever le siège d'Orléans ? — Le roi devait-il la recevoir ?

La Trémoille était contre : la reine, sa mère la reine de Sicile, et les autres dames étaient pour. Les gens d'Église gardaient une attitude circonspecte et défiante ; les capitaines étaient curieux de la voir ; ils pensaient que cette fille devait être peu ordinaire pour avoir su convaincre Beaudricourt, connu de quelques-uns d'entre eux pour un vieux et rude soldat, peu susceptible de se laisser impressionner par des simagrées.

De Sainte-Catherine-de-Fierbois à Chinon, il y a près de neuf lieues. Jeanne arriva le 6[1], dans l'après-midi, et se logea avec sa suite dans une hôtellerie près du château. Il existait jadis au Grand-Carroi un puits très ancien, dont la margelle, d'après une tradition locale, servit à Jeanne pour mettre pied à terre. Où logea-t-elle exactement ? — On ne sait. M. de Cougny, par une série de déductions ingénieuses, a cru pouvoir donner à ce problème une solution qui serait d'un grand intérêt pour l'histoire locale, si elle était sûre.

« Jeanne, dit-il, prit toujours gite dans les familles les plus recommandables par leur position sociale et

---

1. Elle dut faire un détour par Azay ; le bourg de Saint-Epain, qu'elle avait à traverser en suivant la route la plus directe, étant au pouvoir des Bourguignons.

leur honorabilité », et, tirant argument de ce qu'à proximité de la résidence royale, sur le carrefour d'où part la rampe qui conduit au château, il existe encore une antique maison qui, au xv° siècle, appartenait à la famille de la Barre, une des plus notables de la ville, il en conclut qu'on ne peut raisonnablement chercher ailleurs le logis provisoire de la Pucelle [1].

Mais tout d'abord, est-il certain, ou seulement probable que Jeanne ait dû être logée de préférence chez des personnes d'une haute position sociale ? Oui, dit M. de Cougny, parce qu'il en a été ainsi à Poitiers, à Tours, à Orléans. C'est vrai ; mais alors Jeanne avait été reçue en audience solennelle par le roi, elle avait été logée au château. Vivant dans la familiarité des dames d'honneur de la reine, elle avait fait en quelque sorte partie de la cour ; tandis qu'à son arrivée à Chinon, les conseillers du roi ne voyaient en elle qu'une fille équivoque, voyageant avec des gens de guerre qui la défrayaient de ses dépenses. Si l'on réfléchit en outre qu'il fallut héberger aussi les deux gentilshommes qui l'accompagnaient et leurs serviteurs, en tout six ou sept personnes avec leurs chevaux, il y a tout lieu de croire qu'on dut choisir une hôtellerie plutôt qu'une maison particulière.

Il y avait sans doute aux alentours du Grand-Carroi, plusieurs de ces hôtelleries ou auberges. Ce

1. **Chinon et ses environs.**

quartier si pittoresque s'est à peine modifié. **Les
vieux logis contemporains de Jeanne d'Arc sont
toujours là.** Mais nous n'avons malheureusement
aucun indice qui nous permette de situer, d'une
manière précise, celui qui fut habité par elle pendant trois jours, du 6 au 9 mars.

Que fit-elle pendant ces trois jours? On lui avait
recommandé de rester en son logis. On jugeait
inutile de surexciter la population qui était déjà en
pleine effervescence et qui n'eût pas manqué de
l'acclamer. Les conseillers du roi, prélats et seigneurs, venaient l'interroger, elle et ses compagnons. A tous, elle répondait qu'elle avait reçu de
Dieu mission de faire lever le siège d'Orléans, et
de mener le roi à Reims pour qu'il y fût sacré suivant la coutume. L'énergie de sa conviction, sa
physionomie avenante et modeste firent bonne
impression. Les gens de son escorte témoignèrent
de sa tenue décente et de sa piété.

Le 9 au soir, on se décida à la recevoir, et le
comte de Vendôme vint la chercher pour la présenter
au roi. Il y avait dans la vaste salle où les torches
projetaient des clartés rougeâtres, près de trois
cents personnes, ministres et conseillers du roi,
prélats, seigneurs et gens de guerre, et les dames de
la cour richement parées et coiffées de hennins
garnis de broderies. Parmi cette foule brillante, le
roi, pour éprouver **Jeanne,** s'était dissimulé, vêtu

d'un habit de coupe et d'étoffe modestes. Un grand silence se fit quand Jeanne parut. Elle portait avec aisance un costume d'homme, longues chausses, houseaux serrés sur les jambes, hauts souliers lacés avec éperons, tunique tombant un peu au-dessous du genou, l'épée au côté et la dague. Elle avait les cheveux taillés en rond au niveau inférieur des oreilles, et pour coiffure un simple chaperon de laine noire. Elle parut à tous belle et bien faite ; son maintien était naturel, sans trop d'assurance ni de timidité.

Le roi Charles n'avait rien dans sa personne qui put faire pressentir sa qualité. Il avait le teint blême, des yeux peu expressifs, le nez fort et vulgaire, et, s'il faut en croire un contemporain, Thomas Basin, évêque de Lisieux, les jambes grêles, les genoux cagneux et les épaules voutées.

Cependant, Jeanne parcourt des yeux le cercle qui l'entoure et, à la surprise générale, va droit au roi qu'elle a deviné.

Et icelle venue devers le roy fist les inclinations et révérences accoutumées de faire aux roys ainsi que si elle eut été nourrie en sa cour. Et, en sa subjection et salutation, dit en adressant sa parolle au roy : « Dieu vous doint bonne vie, gentil roy. » Combien qu'elle ne le cognoissait et qu'elle ne l'avoit oncques veu ; et y avoit plusieurs seigneurs pompeusement et richement vestus et plus que n'estoyt le roy ; pourquoy respondit à ladite Jeheanne, en luy montrant l'un des seigneurs : « Vélé là le Roy. » A

quoy elle respondit : « Ah! non, gentil prince, c'estes
vous et non autre !» Elle lui dit encore : « Que Nostre-
Seigneur l'envoyoit devers luy pour le mener cou-
ronner à Reims et pour lever le siège que les Anglais
tenoient devant la bonne cité d'Orléans, et que Dieu,
à la prière des saincts, ne vouloit point que ladite
cité fut prinse.

Ce même soir, Jeanne eut avec le roi un entretien
secret qui fit une profonde impression sur l'esprit
hésitant et inquiet du monarque. On n'a jamais su
exactement ce que Jeanne put lui dire. Interrogée
sur ce fait par les juges de Rouen, elle refusa toujours de répondre. On a supposé que le roi avait
parfois des doutes sur sa propre légitimité, à cause de
l'inconduite de la reine Isabeau sa mère, et que les
affirmations réitérées de Jeanne : « Vous êtes roi et
fils de roi », répondaient si bien à sa préoccupation
secrète, qu'il crut y voir une révélation et un encou-
ragement du Ciel. Le Bâtard d'Orléans en fit le récit
à plusieurs, notamment à l'évêque de Lisieux,
comme le tenant du roi, mais en y ajoutant des
détails probablement imaginaires que les chroniqueurs auront amplifiés à leur tour.

Jeanne fut logée dans la tour du Coudray [1] et con-

---

1. M. Quicherat a cru qu'il s'agissait du château du Coudray-Montpensier, près de Chinon. L'éminent historien igno-
rait qu'une partie du château de Chinon, s'appelait fort ou
château du Coudray ; il a été abusé par la similitude des
noms, et par la proximité relative du Coudray-Montpensier
situé non pas à une lieue de Chinon, comme il l'indique,
mais à deux lieues. M. Wallon a reproduit plus tard cette
erreur.

fiée aux soins de la dame de Bélier, femme du gouverneur du château. Mais avant de rien décider, le roi partit pour Poitiers et y convoqua un certain nombre de prélats et de clercs devant qui il fit comparaître Jeanne. Elle resta à Poitiers une quinzaine de jours, approximativement du 12 au 27 mars, et subit de nombreux interrogatoires au sujet desquels Alain Chartier, dans un latin digne de Tacite, s'exprime ainsi : *femina cum viris, indocta cum doctis, sola cum multis, infima de summis disputat ;* femme avec des hommes, ignorante contre des docteurs, seule contre beaucoup, elle dispute, elle si petite, sur les plus hautes questions ! — L'avis de cette sorte de concile fut tout en sa faveur. Mais à Chinon, dès son retour, quelques-uns parmi lesquels Regnault de Chartres, archevêque de Reims et chancelier de France, firent encore des objections. N'était-ce point un homme ayant l'aspect physique d'une femme, plutôt qu'une femme portant l'habit d'homme ? En tout cas, ne fallait-il pas s'assurer que Jeanne méritait le qualificatif qui déjà s'était ajouté à son nom ? Cette question d'après eux, était de la plus haute importance, car on tenait alors pour constant que le démon ne pouvait faire de pacte avec une vierge !

La reine de Sicile Yolande d'Aragon, la dame de Gaucourt et Jeanne de Mortemer, femme de Robert le Maçon, baron de Trèves. ministre du roi, furent chargées de procéder à ces investigations. Cela nous paraît on ne peut plus choquant ; mais à cette époque un examen de ce genre n'avait rien d'exceptionnel, et, d'après Froissard, il était parfois exigé, en vue d'un mariage, pour les filles de la plus haute qualité.

Enfin, tous les doutes furent dissipés, et il fut convenu que Jeanne prendrait le commandement d'une armée de secours qui serait dirigée sur Orléans.

On désigna comme chef de sa maison militaire « *un vaillant et sage gentilhomme* » Jehan Daulon. Elle eut deux hérauts d'armes, Guyenne et Ambreville, un page, Louis de Coutes, alors âgé de quinze ans, et un grand train de domestiques et de chevaux. Elle choisit pour chapelain le frère Jehan Pasquerel, de l'ordre des ermites de Saint-Augustin. Les principaux capitaines qui commanderont sous sa direction sont Gilles de Laval, seigneur de Rais [1], le comte de Vendôme, messire Ambroise de Loré, le sire de Culan, amiral de France ; les autres sont dans Orléans et viendront à Blois au devant de l'armée.

Jeanne, impatiente, pressait l'organisation et la mise en marche du convoi. Elle s'entretenait familièrement avec les soldats ; mais le soir elle se retirait avec ses femmes dans son logis du Coudray.

Souvent elle s'exerçait au maniement du cheval et des armes, et courait la quintaine dans les prés à

---

1. On sait dans quelle folie étrange et criminelle tomba ce magnifique seigneur qui fut créé maréchal de France cette même année 1429. Il faisait enlever dans ses domaines des enfants en bas âge qu'il égorgeait pour employer leur sang à composer des philtres cabalistiques. Il fut étranglé et brûlé à Nantes, le 26 octobre 1440 après avoir fait l'aveu de ses crimes.

l'est de la ville, en compagnie du jeune duc d'Alençon avec qui elle s'était liée d'une amitié fraternelle.

Le roi avait un cheval âgé mais encore très vite. C'était le sire de Beauveau, seigneur de La Roche-sur-Yon et de Champigny qui en avait fait présent, en 1416, au Dauphin, frère aîné du roi. Jeanne le demanda, et c'est avec ce cheval qu'elle fit campagne.

On lui commanda un armement et un équipement complet. On a conservé en partie les comptes de ce qui fut dépensé pour elle. Ainsi le huitième compte de Guillaume Chartier porte à la date du 21 avril 1429, cent livres *à Jehan de Metz, écuyer, pour le deffray de luy et aultres gens de la compagnie de la Pucelle.*

On trouve dans le treizième compte de maître Hamon Raguier, ponr le mois d'avril 1429 :

A Jehan de Metz pour la dépense de la Pucelle, deux cents livres tournois.

Au maître armurier pour un harnois complet pour ladite Pucelle, cent livres.

Audict Jehan de Metz et son compaignon pour luy aidier à avoir ses harnois pour eux armer et habiller pour être en la compaignie de la Pucelle, six vingts cinq livres.

A Hauves Poulvoir, peintre demeurant à Tours, pour avoir peint et baillé estoffes pour ung grand estendard et ung petit pour la Pucelle, vingt-cinq livres.

Cet étendard, dessiné et peint d'après ses instructions, était blanc, semé de fleurs de lys et frangé de soie. Il représentait Jésus-Christ assis sur des nuées, et tenant un globe dans ses mains, et deux anges prosternés dont l'un présentait un lys, tandis que l'autre désignait une inscription portant ces deux noms : Jhésus-Maria.

Le 23 avril, Jeanne envoya chercher à Sainte-Catherine-de-Fierbois, une épée dont elle donna la description. La lame était marquée de cinq croix. Cette épée était très ancienne. Elle avait été déposée en cette église comme trophée d'on ne sait quel combat glorieux. On ne manqua pas de crier au miracle, et Jean Chartier qui paraît avoir ignoré le passage de Jeanne d'Arc à Sainte-Catherine-de-Fierbois se fait l'écho d'une tradition populaire d'après laquelle le roi, ayant demandé à Jeanne *si elle avait oncques été audit lieu, et comme elle savait ladite espée être telle, Jeanne respondit que oncques n'avait été ni entrée en l'église de Sainte-Catherine-de-Fierbois, mais bien savoir par révélations diverses que...,* etc...

De même, on raconta qu'un cavalier voyant un jour passer la Pucelle, exprima, en jurant le nom de Dieu, un désir outrageant, sur quoi Jeanne le reprit, disant: *Malheureux, comment oses-tu renier Dieu quand tu es si près de la mort!* et quatre heures après, ce cavalier se noyait accidentellement dans la Vienne !

Ce fait, lors du procès de réhabilitation, n'a été

affirmé par aucun témoin direct, mais seulement par oui-dire. Il est vraisemblable que Jeanne eut l'occasion de faire des remontrances à un soldat grossier, et que cette anecdote, en passant de bouche en bouche, aura pris des proportions merveilleuses. Mais l'histoire de Jeanne est suffisamment merveilleuse par elle-même pour qu'il soit inutile de la surcharger de détails au moins douteux.

L'armée de secours, forte d'une dizaine de mille hommes, et le convoi de ravitaillement, devaient être concentrés à Blois.

Ce fut le 25 avril, au matin, que Jeanne partit de Chinon avec ses capitaines à la tête d'une forte troupe de chevaliers et de gens d'armes...

Le 8 mai, les Anglais avaient levé le siège d'Orléans, mais Jeanne estime n'avoir rien fait tant que le roi n'aura pas été sacré à Reims. Elle revient en hâte et se rencontre le 13 mai à Tours avec le roi qui a été au-devant d'elle. Elle retourne avec lui à Chinon où elle passe quelques jours. Elle a toutes les peines du monde à faire accepter son idée d'une marche immédiate sur Reims ; et jusqu'à la fin de cette seconde campagne, il lui faudra lutter contre les esprits timorés, qui, au moindre obstacle, conseilleront la retraite.

Le roi partit de Chinon le 2 juin, et l'on sait par quelles victoires elle lui ouvrit le chemin.

Puis aussitôt après la solennité du sacre, les tergiversations recommencent ; on tente contre Paris un assaut qui n'échoue que faute de ténacité. Au

mois de septembre, Charles est de retour à Chinon
et paraît se désintéresser de la guerre malgré les
efforts de la Pucelle *très marrie de ce qu'il n'en-
treprenait à conquester ses places.* La vaillante
fille, pendant plusieurs mois, continue la guerre pour
son compte, ne quittant les lieux où l'on se bat,
que pour revenir à Chinon solliciter des renforts
qu'on lui mesure avec parcimonie. Elle a de funestes
pressentiments. Un jour, elle a brisé la lame de son
épée en donnant quelques coups de plat à des soldats qui ripaillaient avec des ribaudes, et il lui
semble que désormais sa mission est finie. Elle se
rend compte qu'elle importune ; que le roi est profondément humilié des acclamations populaires qui
partout saluent la libératrice; La Trémoille, plus
en faveur que jamais, escompte ou prépare le hasard
de guerre qui le débarrassera d'elle. Et il semble
bien que tout était prévu et calculé pour qu'un événement tel que celui de Compiègne ne pût pas man-
quer d'arriver (24 mai 1430).

Que fit le roi pour la sauver? Rien. Pas un effort,
pas une offre de rançon ou d'échange, pas une
démarche auprès du pape pour arracher cette pure
victime à un tribunal suspect, faire évoquer le procès en cour de Rome, tout au moins gagner du
temps ! Peu ou point d'opérations de guerre. Il
semble qu'on ait voulu laisser aux Anglais et à leurs
misérables juges ecclésiastiques, le loisir nécessaire

pour préparer, avec un souci apparent des formes, la sentence et l'exécution. L'inertie du roi Charles apparaît comme une complicité. Et ce fut peut-être la pire douleur de l'héroïne de se voir abandonnée par celui qu'elle avait si bien servi.

Quelque effort qu'on ait fait parfois pour la rapetisser, Jeanne a été manifestement une créature d'exception, d'élite, et je n'hésite pas à dire de génie. Elle eut au plus haut point ce qui caractérise le génie : la grandeur de la conception et l'esprit de réalisation.

C'est dans son procès et dans ses interrogatoires qu'il faut apprendre à la connaître. Les juges n'ont rien négligé pour mettre en lumière tous les faits de sa vie depuis son enfance, et bien malgré eux ils ont élevé un monument indestructible à sa gloire.

L'idée qui la possédait toute a pu s'extérioriser en visions, et elle a entendu en dehors d'elle les voix qui parlaient en elle ; c'est là un phénomène psychique qui peut étonner par sa persistance et son intensité ; mais Jeanne n'a rien d'une malade, d'une névrosée. Elle est robuste, saine, enjouée, normale. Elle parle à chacun, en toutes circonstances, le langage qui convient. Cette ignorante a, suivant l'occasion, des réparties spirituellement malicieuses, ou des répliques qui dépassent en tragique beauté celles que Corneille place dans la bouche de ses héros.

Philippe-Auguste, saint Louis, Philippe le Bel, avaient politiquement constitué la nation : Jeanne

d'Arc a rendu visible et sensible à tous l'idée de
Patrie. Elle l'a personnifiée à ce point qu'aujourd'hui
les deux figures, la réelle et la symbolique, se con-
fondent par une sorte de transsubstantiation.

C'est pour sa douce France que Jeanne accepte
résolument le supplice. Sans doute, elle a un instant
de défaillance provoqué par l'horreur physique du
feu. Elle a pitié pour sa pauvre chair, pure de toute
souillure et qui va être si cruellement brûlée; et
elle renie ses voix. Mais comme elle se ressaisit !
Avec quelle foi triomphante elle s'écrie : « Mes voix,
mes voix sont de Dieu ! » Et très certainement, à ce
moment et jusque sur le bûcher, elle a vu clairement toute la grandeur, la beauté et l'efficacité du
sacrifice !

CHAPITRE VIII

Des pourparlers ont lieu à Chinon en 1431 avec les envoyés du duc de Bourgogne. — Charles VII date de Chinon des lettres pour la fondation de l'Université de Poitiers. — Le connétable fait enlever La Trémoille la nuit, dans son lit, au château de Chinon. — Le comte du Maine remplace La Trémoille. — Richemont dirige les opérations de guerre. — La reine met au monde un fils qui meurt quatre mois après. — Agnès Sorel à Chinon. — Le duc de Bretagne, François Ier, vient à Chinon rendre hommage au roi. — Les intrigues du Dauphin Louis. — Négociations à Chinon, au sujet de la prise de Fougères par les Anglais en 1449. — Les dernières années de Charles VII. — De grands travaux sont exécutés à Chinon.

Il se passa encore quelques années avant que se manifestât ce changement qui fit de Charles VII un souverain clairvoyant, actif, prêt en toute circonstance à faire preuve d'initiative et de résolution. Curieux effet de la persistance que mit la fortune à le favoriser de bienfaits qu'il avait si peu mérités. Le succès finit par réchauffer ses ambitions et son âme en reçut une nouvelle trempe.

Chinon, pendant presque tout son règne, resta sa résidence favorite. Il y reçut en 1431, la nouvelle que les Anglais assiégeaient Saint-Célerin, dans le Maine. Cette place appartenait au duc d'Alençon.

Ambroise de Loré, maréchal du duc d'Alençon, en confia la défense à son lieutenant Jehan Armenge, et vint à Chinon se concerter avec le duc et avec le comte du Maine, Charles d'Anjou, frère de la reine, pour porter secours aux assiégés [1].

Le duc de Bourgogne, Philippe le Bon, commençait à se fatiguer des insolences des Anglais et n'eût pas mieux demandé que de se réconcilier avec le roi. Il y eut, pendant deux ans, des pourparlers en vue d'un accord. Le duc envoya à Chinon Jean de La Trémoille, sire de Janvelle, qui était frère de Georges de La Trémoille, le néfaste ministre du roi. Le pape y envoya également son légat, le cardinal de Sainte-Croix, qui voulut trop entreprendre en cherchant à négocier une paix définitive avec les Anglais. On aboutit seulement à une trêve qui fut conclue, vers la fin de l'année 1431, entre le roi et le duc de Bourgogne, pour une durée de six années : mais cette trêve ne fut guère observée par les bandes qui dans chaque parti guerroyaient pour le pillage.

Le 16 mars 1432 [2], le roi datait de Chinon des lettres par lesquelles il fondait l'Université de Poitiers. La copie de ce précieux document est insérée dans deux chartes confirmatives de 1463 et

1. Jean Chartier, chap. LXXVIII.
2. *Inventaire des archives de la Ville de Poitiers.* Liasse A, n°° 33, 35, 39. Les lettres sont datées du 15 mars 1431 (vieux style).

de 1485, conversées aux archives de la Ville de Poitiers.

Le roi s'obstinait à méconnaître la valeur et les services du connétable de Richemont, qui résolut d'en finir avec La Trémoille. Il ne jugea pas à propos de modifier ses procédés, et il fut convenu entre lui et de Gaucourt qui commandait le château de Chinon, qu'on enlèverait le favori, la nuit, dans son lit. La reine et le comte du Maine son frère, étaient dans le secret, ainsi qu'Olivier Frestard, lieutenant du sire de Gaucourt. Par une nuit obscure, une porte basse du fort du Coudray se trouva ouverte comme par hasard. Cinquante hommes armés, commandés par de Chaumont, de Coëtivy, de Bueil, neveu de la femme de La Trémoille, et Rosniéven, qui était un bâtard du duc de Bretagne, pénètrent sans bruit dans le château, et arrivent sans s'égarer à la chambre de La Trémoille. Réveillé en sursaut, celui-ci essaie de saisir une dague accrochée à la tête de son lit, mais Rosniéven lui enfonce son épée dans le ventre. La Trémoille était très gros. La lame glisse et pénètre obliquement dans la couche de graisse sans faire de blessure grave. Rosniéven veut redoubler, mais de Bueil l'en empêche : — « C'est mon oncle, dit-il, et comme il est aussi riche qu'il est gros, j'en tirerai une bonne rançon. » A quoi Rosniéven, qui avait probablement des instructions confidentielles du connétable, réplique que la parenté, dans la circonstance, est chose secondaire, et qu'un bon coup d'épée ou plusieurs termineront bien mieux l'affaire. Mais de Bueil insiste et finit par obtenir satisfaction.

La Trémoille, ligoté et bâillonné, fut emmené hors du château et conduit à Montrésor qui était un fief de Bueil. Celui-ci le remit plus tard en liberté moyennant une rançon de six mille écus [1].

Le lendemain, le roi fut tout d'abord outré de cet attentat contre son autorité, mais la reine sut le calmer, et il finit par ratifier le fait accompli. Le comte du Maine remplaça La Trémoille (1433), et deux ans plus tard, lorsque le traité d'Arras du 21 septembre 1435 eut définitivement scellé la réconciliation du roi et du duc de Bourgogne, l'influence de Richemont devint prépondérante dans la direction des opérations de guerre.

Le 4 février 1436, au château de Chinon, vers trois heures de la nuit, la reine accoucha d'un enfant mâle qui eut pour parrains le duc de Bourbon, comme représentant le duc de Bourgogne, et Charles d'Anjou, comte du Maine. Isabelle de Lorraine, épouse de René, roi de Sicile, était marraine. L'enfant fut nommé Philippe pour faire honneur au duc de Bourgogne qui avait accepté avec joie ce parrainage. La Cour resta à Chinon, à cause des relevailles de la reine jusqu'au 27 février, date à laquelle le roi partit pour Tours où il arriva le 28, après avoir

1. Jean Chartier, ch. XCIV.— Alain Chartier, p. 69.

couché à Azay. Cet enfant ne vécut que quatre mois [1].

Nous venons de parler d'Isabelle de Lorraine. Cette princesse, à la suite des grands revers éprouvés par son mari en Lorraine et en Italie, revint à Chinon vers 1442. Elle avait parmi ses dames d'honneur la belle Agnès Sorel, qui était née en 1421 ou 1422, au château de Fromenteau, près Villiers-en-Brenne, en Touraine, d'un gentilhomme du nom de Soreau, Sorel, ou Sorelle, et de Catherine de Meignelais. Le roi s'éprit pour elle d'une violente passion, et leur liaison resta quelque temps plus ou moins secrète. Charles lui fit bâtir un petit castel au lieu dit le Roberdeau, à deux cents toises au nord du château. D'après une tradition locale, il avait fait pratiquer une communication souterraine entre une tour de l'enceinte et le parc du Roberdeau. Lorsque, vers 1772, on construisit la route actuelle qui contourne l'escarpement, on a découvert, il est vrai, des vestiges d'anciennes galeries voûtées, mais très certainement elles n'avaient pas été construites pour servir à des rendez-vous galants [2].

Le roi nomma Agnès dame de la reine, et leur liaison devint publique vers 1444, bien que Jean Chartier fasse remarquer, à propos d'un voyage que fit Agnès en Normandie, en 1449, que *pendant cinq ans qu'Agnès était demeurée avec la reyne, oncques*

1. Jean Chartier, ch. CXVI.
2. Dumoustier, sur *Chinon*.

le roy ne laissa de coucher avec la reyne, dont il eut quantité de beaux enfants d'icelle [1].

Certains historiens ont attribué à Agnès, avec un peu d'exagération, l'heureux changement survenu dans le caractère et dans l'esprit du roi.

Le 14 mars 1446, le nouveau duc de Bretagne, François, vint au château de Chinon rendre hommage au roi. Le grand chambellan, le sire de Brézé, seigneur de la Varenne, commit dans cette occasion une assez forte maladresse. La démarche du duc, seigneur souverain d'une des plus belles provinces du royaume, valait pour Charles VII plus qu'une victoire, et il était au moins inutile de disputer si le duc devait l'hommage-lige plutôt que l'hommage simple. Le sire de Brézé s'adressa à lui en ces termes : *Monsieur de Bretagne, vous faictes la foy et hommage-lige au Roy vostre souverain seigneur icy présent à cause de sa couronne, de vostre duché de Bretagne, ses appartenances et ses dépendances...* Le duc répondit d'une manière un peu sèche en se tournant vers le roi : *Monsieur, je vous ay la foy et hommage telle et semblable que mes prédécesseurs ont accoustumé de faire.* Le roi eut le tact de ne pas insister [2].

1. Chap. CCXIII.— Voir également G. du Fresne de Beaucourt, *Charles VII et Agnès Sorel* (*Revue des Questions historiques*, t. I, 1866). — Le livre assez rare de A. Cohen, *Chinon et Agnès Sorel*, publié à Paris en 1846, est, en ce qui concerne Agnès Sorel, un pur roman.
2. André Duchesne, *Antiquités et recherches des villes...* Paris, 1608, sur *Chinon*.

Tout semblait désormais réussir à Charles. Il avait reconquis sa capitale, refait l'unité politique de la France, imposé une trêve aux Anglais, soumis ou dispersé les bandes de routiers et d'écorcheurs qui dévalisaient les campagnes ; il s'appliquait avec méthode à de plus vastes projets, mais son existence était profondément troublée par les ennuis que lui causait son fils, le Dauphin Louis, qui déjà, en 1440, étant à peine âgé de dix-sept ans, avait tenté avec La Trémoille. le duc d'Alençon, Antoine de Chabannes, Jean de la Roche, sénéchal du Poitou, et quelques autres mécontents, une rébellion qui fut promptement réprimée.

Il recommença en 1446. Le roi était souvent au château de Razilly, dans le Véron, à deux lieues à l'ouest de Chinon. Le Dauphin pensa qu'il serait facile d'enlever son père et de le contraindre à subir ses exigences. Il s'ouvrit à plusieurs reprises de ce projet au comte de Chabannes, cherchant à exciter sa jalousie contre les chefs de la garde écossaise qui, disait-il, jouissaient abusivement de toutes les faveurs.

Mais Chabannes s'était loyalement soumis au roi. L'insistance de Louis lui donna à penser que ce jeune homme de vingt-trois ans, dont il connaissait le caractère sournois, l'esprit ambitieux et rusé, avait bien pu tramer quelque complot criminel, et il révéla au roi Charles ce qu'il savait. Une commission extraordinaire fut nommée, et se réunit à Candes, au mois de septembre 1446. Plusieurs

gardes écossais, convaincus de s'être laissés gagner
par le Dauphin, furent condamnés et exécutés, et
Louis reçut l'ordre de se retirer dans le Dauphiné
qu'il avait en apanage, et où il ne cessa de fomenter
de nouvelles intrigues.

Sa jeune femme, Marguerite d'Écosse, était morte
de chagrin l'année précédente. Il épousa en 1451,
contre le gré de son père, la princesse Charlotte de
Savoie.

Le roi Charles était aux Montils, près de Tours,
lorsqu'il apprit que les Anglais avaient rompu la
trêve et s'étaient emparés de Fougères, en Bretagne,
le 24 mars 1449.

Il revint aussitôt à Chinon et assembla son conseil. Messire de Culan, grand maître d'hôtel du roi,
Guillaume Cousinot, conseiller, et Pierre de Fonte-
nay, écuyer, furent dépêchés au duc de Sommerset,
gouverneur de Normandie pour le roi d'Angleterre,
et le sommèrent de restituer la ville de Fougères et
tout leur butin. En même temps, l'évêque de Rennes,
pour le duc de Bretagne, arrivait à Chinon avec le
sire de Graumy et quelques seigneurs bretons, pour
solliciter la protection du roi. Charles leut fit connaître qu'il avait déjà envoyé son écuyer-tranchant,
Jehan Hawart, vers le roi d'Angleterre pour
demander réparation, et qu'il attendait une réponse [1].

Cette réponse, apportée à Chinon par les envoyés
du duc de Sommerset, fut équivoque, et le roi

---

[1]. **Alain Chartier,** *Histoire mémorable...*, p. 134.

ayant insisté pour que, préalablement à toute négociation, la ville de Fougères lui fût remise, les hostilités commencèrent dès le 15 mai par la prise de
Pont-de-l'Arche par les Français.

Vainement Sommerset envoya une nouvelle dépu-
tation à Chinon, le roi répondait toujours : « Com-
mencez par rendre Fougères ! » Charles quitta Chinon
au mois d'août 1449 pour rejoindre l'armée, et c'est
ainsi que commença la glorieuse campagne qui se
termina par la bataille de Formigny et la conquête
de la Normandie (1450).

La belle Agnès était morte d'un mal subit et
mystérieux, le 9 février, à Anneville, près de
Jumièges, où elle était allée rejoindre le roi. Des
intrigues de cour firent peser des soupçons d'empoi-
sonnement sur le riche bourgeois Jacques Cœur,
grand argentier de France. Malgré son innocence
évidente, et les éclatants services qu'il avait rendus
au roi, il fut dépouillé de ses biens et banni du
royaume. Mais quelques personnes pensèrent que
le Dauphin Louis haïssait Agnès, que sa première
femme était morte bien jeune, qu'il n'avait pas cessé,
depuis qu'il était en Dauphiné, d'entretenir des
intelligences secrètes dans l'entourage du roi, et
elles se firent cette réflexion qu'il n'était pas bon
de s'attirer son animosité.

Après la mort d'Agnès, Charles habita plus rare-
ment Chinon.

Les dernières lettres intéressantes qu'il ait datées
de Chinon dénotent, de sa part, un généreux

souci de l'équité et une attention qui s'appliquait aux plus petits détails. Ces lettres sont
adressées le 13 août 1459, au premier conseiller du
Parlement, au bailli de Touraine et aux élus sur le
fait des aydes de l'élection de Chinon, pour qu'ils
fassent restituer à Jehan Colin, laboureur, un lit que
lui avaient pris les fermiers du huitième de la
châtellenie de Mirebeau[1].

Sous son règne, le bailli de Touraine tint plusieurs
fois ses assises à Chinon[2].

Charles VII mourut à Mehun-sur-Yèvre le 22 juillet 1461, dans d'affreuses souffrances physiques et
morales, et l'on n'a jamais su exactement s'il était
mort par le poison ou de la crainte du poison[3].

Il avait entrepris de grands travaux pour l'embel-
lissement et la défense du château et de la ville. Le
faubourg Saint-Jacques fut protégé par des douves
et des remparts, avec une porte fortifiée formant
tête de pont. Le faubourg Saint-Étienne fut de même
enclos d'un mur de défense qui était relié à l'ancienne
enceinte dite de la Ville-Fort et joignait, sur la place
des Halles, les ouvrages extérieurs de la porte de
Verdun, à l'entrée de la rue Haute-Saint-Maurice.
Le pont était défendu par une petite bastille placée

1 et 2. *Inventaire des Archives de la Ville de Poitiers*,
n°ˢ 778, 398, 85.
3. Jean Chartier, chap. CCLXXXVIII. — Alain Chartier,
p. 204.

au saillant de l'île. Le faubourg Saint-Mexme fut clos
de murs un peu plus tard. Le roi fit construire
l'église Saint-Jacques, et les halles qui se trouvaient
sur le même emplacement que le bâtiment qui
renferme aujourd'hui les halles et la mairie.

Trois riches marchands de la ville, un boucher,
un drapier et un boulanger, dont les noms sont
restés ignorés, s'associèrent pour faire reconstruire
à leurs frais l'église Saint-Étienne, et le roi donna
ordre d'édifier un clocher qui ne fut achevé que sous
le règne de son fils [1].

1. De Cougny, *Chinon et ses environs.* — *Antiquités de la
Ville de Chinon,* manuscrit anonyme publié par M. Tourlet.

CHAPITRE IX

La reine d'Angleterre, Marguerite d'Anjou, héroïne de la
guerre des Deux-Roses, se réfugie à Chinon, et de là à
Dampierre, près Saumur. — Philippe de Commynes, gouverneur de Chinon. — Le roi Louis XI au château des
Forges et à Bonaventure. — Le duc d'Alençon est enfermé
au château dans une cage de fer. — Mort de Louis XI et
disgrâce de Philippe de Commynes. — La régente Anne
de Beaujeu et le roi Charles VIII à Chinon. — Mariage
de Charles VIII et de la duchesse Anne de Bretagne, dans
la chapelle du château de Langeais le 13 décembre 1491.
— Réception solennelle, à Chinon, de César Borgia. —
Rabelais. — Influence du terroir sur l'écrivain et sur son
œuvre. — La Renaissance française dans le pays chinonais.

Le roi Louis XI, aussitôt son avènement, fit don
à sa mère, Marie d'Anjou, en surcroît et garantie
de son douaire, de plusieurs terres et seigneuries, et
notamment de la terre et du château de Chinon.
Cette charte est datée du 8 octobre 1461 [1].

Il séjourna de préférence au château de Plessis-
les-Tours, et Chinon cessa d'être résidence royale.
Mais beaucoup de lettres de lui [2] sont datées soit de
Chinon, soit de Bonaventure, à un quart de lieue de

1. Dom Housseau, n° 3979.
2. Joseph Vaësen et Charavay, *Lettres du roi Louis XI.*
Paris, Renouard, 1885.

Chinon, au nord-est, en bordure de la basse-forêt ; soit des Forges, un peu plus à l'est, dans la paroisse de Saint-Benoît-du-Lac-Mort. C'étaient deux petits châteaux où le roi faisait des séjours de quelque durée pour chasser dans la forêt[1].

Au commencement de l'année 1471 (nouveau style), Marguerite d'Anjou, fille du roi René et d'Isabelle de Lorraine, et femme du roi d'Angleterre Henri VI, détrôné par le duc d'York, passa quelques jours au château de Razilly, près Chinon. Elle avait avec elle son fils, le prince de Galles, et sa femme, qui était fille du célèbre comte de Warwick, *le faiseur de rois*. Louis XI l'avait reçue magnifiquement à Paris, puis à Tours, mais il fut surtout prodigue de belles paroles. Marguerite retourna en Angleterre tenter une dernière fois le sort des armes. Cette triste héroïne de la guerre des Deux-Roses revint à Chinon en 1481, définitivement vaincue et dépossédée. Elle y séjourna quelque temps avant de s'installer à Dampierre, près de Saumur, où un ancien serviteur de sa maison lui offrit asile. Elle y mourut l'année suivante[2].

Il était dans la destinée des deux grandes nations, si longtemps rivales, d'échanger en faveur de leurs rois

> Cette hospitalité mélancolique et sombre
> Qu'on reçoit et qu'on rend de Stuarts à Bourbons.

1. Eugène Pépin, *les Haulte et Basse Foresta*..., p. 155, 163, 231.
2. De Cougny, *Notice sur Chinon*. — Dumoustier, p. 105. — Abbé Prévost, *Hist. de Marguerite d'Anjou*. Amsterdam, 1750.

L'illustre historien Philippe de Commynes exerça pendant presque tout le règne de Louis XI une sorte de vice-royauté à Chinon. Cédant aux sollicitations du roi, il quitta, le 8 août 1472, la cour du duc de Bourgogne et rejoignit Louis XI aux Ponts-de-Cé. Le roi le nomma aussitôt capitaine du château et donjon de Chinon. Le 28 octobre, il lui faisait don de six mille livres de pension à percevoir pour partie sur les produits du grenier à sel et des aydes de la ville et de l'élection de Chinon.

Le 27 février 1473, Philippe de Commynes épousa Hélène de Chambes, fille du seigneur de Montsoreau, et recevait en dot, avec le consentement de Jean de Chambes, frère de sa femme, la baronnie d'Argenton, près Thouars. En 1476, il est sénéchal du Poitou et, l'année suivante, capitaine du château de Poitiers.

Le roi avait fait de lui un des plus grands seigneurs de France.

Il fit achever le portail et le clocher de l'église Saint-Étienne de Chinon, et ajouter à l'enceinte nord du château la belle et robuste tour qui a conservé le nom d'Argenton.

Il fut mêlé personnellement à un interminable procès intenté au roi par les héritiers de Louis d'Amboise dont les biens avaient été confisqués sous le règne de Charles VII (14 mai 1431).

A leur requête, une enquête fut ordonnée, et on trouva dans les archives du château de Thouars, deux lettres d'une importance décisive, par lesquelles le roi Charles VII, reconnaissant l'innocence de

Louis d'Amboise, vicomte de Thouars, lui accordait la restitution de tous ses biens.

Philippe de Commynes eut un vilain geste, et jeta ces lettres au feu, d'où l'un des commissaires, Jean Chambon, les retira en protestant avec indignation.

Quelques jours après (14 octobre 1476) la commission se réunit à Candes, en présence du roi, et Philippe de Commynes fit naïvement observer *qu'il y avait deux lettres qui ne servaient pas très bien la matière.* Sur quoi le roi les prit et les jeta lui-même dans le feu, disant : *Ce n'est pas moi qui les brûle, c'est le feu !* et il exigea, de tous ceux qui étaient là, le serment de ne rien révéler [1].

En 1481, sur l'ordre du roi, Jean Daillon, seigneur du Lude, arrêta à la Roche-Talbot, René d'Alençon, comte du Perche, fils de Jean d'Alençon, le vaillant compagnon de Jeanne d'Arc qui était devenu plus tard un incorrigible conspirateur, et avait été condamné sous le règne précédent pour crime de haute trahison. L'acharnement du roi Louis XI contre le fils n'avait aucune raison sérieuse. Il le fit cependant enfermer au château de Chinon dans une de ces épouvantables cages de fer et de bois d'un pas et demi de long qu'on suspendait à une maîtresse poutre. Le malheureux y resta trois mois et fut

1. *Mémoires de Philippe de Commynes.* Paris, 1860. Voir la notice et particulièrement le t. III, contenant *les Preuves.*

transféré à Vincennes où le Parlement instruisit **son**
procès avec une impartialité relative, et rendit **une**
sentence des plus indulgentes [1].

Le roi Louis XI mourut au château de Plessis-les-
Tours le 3o août 1483. Déloyal, superstitieux, vindi-
catif et cruel, il eut quelques-unes des qualités qui
font les grands rois, et la ville de Chinon, bien gou-
vernée par Philippe de Commynes, bénéficia d'une
longue période de paix.

Le nouveau roi Charles VIII avait treize ans.
Louis XI, quelques jours avant sa mort, avait confié
la régence à sa fille aînée Anne, femme de Pierre de
Bourbon sire de Beaujeu. Ses pouvoirs furent solennellement reconnus par l'Assemblée des états généraux qui se réunit à Tours le 15 janvier 1484 [2].

Philippe de Commynes tomba en disgrâce, et la
régente nomma M. d'Archiac capitaine du château de
Chinon. Convaincue de l'iniquité dont les enfants de
Louis d'Amboise avaient été victimes, elle ordonna
que leurs biens leur fussent restitués. Philippe de
Commynes, qui se trouvait lésé par cette décision,
usa de tous les artifices de procédure pour en éviter

---

1. Dumoustier, sur *Chinon*.—Chalmel, *Tablettes chronologiques de Touraine.*

2. Au point de vue historique, cette assemblée a une très
grande importance. C'était la première fois que toute la
France se trouvait représentée. Les députés étaient 284.
Hist. des États Généraux de 1355 à 1614, par Georges
Picot, t. I.

l'exécution. En même temps, il conspirait avec le duc d'Orléans, qui en sa qualité de premier prince du sang, et comme mari de Jeanne de France, fille cadette du roi Louis XI, disputait la régence à Anne de Beaujeu.

Philippe de Commynes fut arrêté en 1486, resta huit mois incarcéré à Loches, dans une des cages de fer commandées par le roi Louis XI, fut condamné à la confiscation du quart de ses biens par arrêt du Parlement du 14 mars 1489, et relégué dans ses terres. Il ne rentra en grâce qu'à la fin de l'année 1492 [1].

Depuis plusièurs années, les logements du château n'étaient plus habités, et avaient été laissés quelque peu à l'abandon, ainsi qu'on en peut juger par cette lettre que Madame de Beaujeu écrivait en 1484, à M. d'Archiac.

Monsieur d'Archiac,

Je me suis oublié de vous escrire qu'il faut quatre chambres au chasteau de Chinon pour les capitaines, une pour M. de Montpensier, une pour M. de Vendosme, aussi faites habiller la galerie qui est sur ma chambre, et faites faire trois lits pour

1. *Mémoires de Philippe de Commynes et la notice.*

mes femmes auxdictes galeries : et par tout **mon**
logis que tout soit garni de chalicts.

A Dieu soyés.

Escrite à Amboise le 27° de janvier.

ANNE DE FRANCE

AUTRE LETTRE SUR LE MÊME SUJET

Monsieur d'Archiac,

J'ai sceu par vostre homme la bonne diligence
que vous avés faites à la réparation du chasteau de
Chinon. Je vous envoye par mémoire les gens qu'il
faudra qui soyent logez au chasteau, qui sont : une
chambre, un retrait et une garde-robe pour le Roy ;
une chambre pour M. de Grasville, une chambre
pour M. de La Trémoille, une pour M. de l'Isle
une pour M. de la Salle ; une pour M. le baillif de
Meaux.

ANNE DE FRANCE

Brantôme, qui a vu les originaux de ces lettres, y
ajoute cette réflexion : *Pensez qu'aucuns de ceux-là
estoient de ses mignons de couchette* [1] ».
Mais Brantôme était une mauvaise langue, et

1. *Vie des hommes illustres et grands capitaines français.*
Discours 67°.

rien n'autorise à croire ce qu'il dit de Madame de Beaujeu.

Ce fut dans la chapelle du château de Langeais, le 13 décembre 1491, que fut signé le contrat de mariage du roi Charles VIII et de la duchesse Anne de Bretagne, fille du duc François II. Le mariage fut célébré le 16, dans la même chapelle ; la Bretagne se trouva dès lors réunie à la France.

Le roi Charles et la duchesse firent d'Amboise leur séjour favori.

Le roi se trouva à Chinon au mois d'août 1492; il y data du 27 de ce mois des lettres par lesquelles il octroyait à la dame de Razilly deux mille cent livres tournois pour reconnaître les services qu'elle avait rendus, en qualité de demoiselle d'honneur, à la défunte reine [1].

Charles VIII mourut accidentellement à Amboise le 7 avril 1498. Il n'avait pas d'enfant, et le duc d'Orléans lui succéda sous le nom de Louis XII. La veuve de Charles VIII, d'après son contrat de mariage, restait duchesse souveraine de Bretagne. Louis XII, pour éviter le morcellement de son royaume, résolut de l'épouser, mais il était déjà marié à Jeanne de France, fille de Louis XI, qui

1. De Cougny, *Notice sur Chinon*. Archives de la famille de Razilly. — Cette maison est une des plus anciennes de France. Le roi Charles VII et Louis XI ont séjourné plusieurs fois au château de Razilly. C'était là un grand honneur que les rois accordaient à leurs plus dévoués serviteurs.

était contrefaite, et qu'il n'avait jamais aimée. Il lui
fallut donc obtenir du pape la nullité de son mariage.
Cette douce et infortunée princesse ne mit aucun
obstacle à sa volonté, mais le pape Alexandre VI
Borgia se fit payer son consentement. Il exigea pour
son fils César le duché de Valentinois, une compagnie
de cent lances et une pension de vingt mille livres, avec
la promesse du roi d'obtenir pour lui la main de
Charlotte d'Albret, sœur du roi de Navarre.

Lorsque tout fut ainsi conclu, César Borgia vint
en France porter au roi les lettres d'annulation de
son mariage.

César fut reçu à Chinon en audience solennelle, le
18 décembre 1498. Il fit étalage d'un faste inouï et
de mauvais goût.

Je regrette de ne pouvoir citer en entier le récit
savoureux et narquois de Brantôme.

*Il avait... une robbe de satin rouge et de drap
d'or mi-partie..., brodée de riches pierreries et de
grosses perles... ; à son bonnet double rang de cinq
ou six rubis gros comme une grosse fêve... ; ses
bottes toutes lardées de cordons d'or et bordées de
perles... ; devant luy vingt-quatre mulets chargés de
bahuts, coffrets et bouges, couverts de couvertures
aux écussons et armes dudit duc... ; son cheval était
tout chargé de feuilles d'or... avec force perles et
pierreries... ; il avait une petite mule pour se pro-
mener par la ville..., la selle, la bride et le poitrail
tout couvert de fin or épais comme un doigt..., et*

aussi force carriage de chariots qui portaient lits de campagne, vaisselles et aultres choses.

Tous ses pages et gentilshommes étaient vêtus comme lui de satin mi-partie rouge et or, et suivis de nombreux laquais, tambours, trompettes, rebecs et clairons.

Tel était, comme dit Brantôme, *l'équipage du galant!*

On juge si la population chinonaise, dont la curiosité était déjà éveillée par la renommée de magnificence, de luxure et de cruauté de cet étrange personnage, était ébahie au défilé de ce cortège.

Il est bien probable que dans cette foule, parmi les gamins turbulents qui narguaient ce carnaval italien et se délectaient à ce tintamarre, se trouvait le jeune François Rabelais, fils de bourgeois aisés, qui possédaient à une lieue et demie de Chinon, près de Seuilly, la métairie de la Devinière, et dans la ville une maison sise rue de la Lamproie.

La Devinière existe encore. La maison a disparu, remplacée au xviiie siècle par celle qui porte aujourd'hui le n° 15 [1].

La date de la naissance de Rabelais est incertaine. D'après de Thou et Guy Patin, il serait né vers 1490. D'autres, parmi ses biographes, croient pouvoir

1. Henri Grimaud, *la Maison de Rabelais*. **Tours, chez Lebodo, 1897.**

reculer cette date jusqu'en 1483. La première est la plus probable. La date exacte de sa mort n'est pas mieux connue. En 1553, il disparaît sans qu'on ait jamais rien su de précis sur le jour, le lieu, et les circonstances de sa mort.

Il apprit son rudiment à l'abbaye de Seuilly, près de la Devinière, et vécut à Chinon et aux environs jusqu'à son entrée au couvent des Cordeliers Franciscains de Fontenay-le-Comte, après sa vingt-deuxième année. Il partageait son temps entre l'étude et de longues promenades dans cette plaisante contrée dont les sites et les noms sont rappelés dans son œuvre presque à chaque page, avec une exactitude qui révèle chez lui ce souvenir attendri que l'homme garde toujours aux paysages familiers à sa jeunesse.

En ce qui concerne sa vie et son œuvre, je suis obligé de renvoyer les lecteurs aux innombrables biographies, études, commentaires dans lesquelles les érudits et les critiques ont cherché à pénétrer ses pensées les plus absconses, au risque parfois de lui attribuer leurs propres fantaisies.

Un mérite propre à Rabelais, en dehors de l'extra-vagance épique de ses inventions, c'est de s'être créé une langue que lui seul a parlée. Les mots du langage populaire sont refondus et triturés par lui pêle-mêle avec des mots latins et grecs, et d'autres qu'il emprunte par occasion à l'espagnol, à l'italien, voire même à l'hébreu. Il combine et forge, suivant les assonances et les étymologies, ceux dont il a besoin, avec leurs augmentatifs, leurs diminutifs et leurs dérivés. Chaque substantif est précédé ou suivi d'une escorte somptueuse et bigarrée d'épithètes inattendues, imagées, excessives, redondantes, parfois triviales jusqu'à l'ordure, jamais quelconques.

Les substantifs s'accumulent de la même façon et se pressent et se bousculent autour du verbe. Cette prose compacte s'allège par le mouvement.

Et avec cela, quelle verve dans la bouffonnerie ! Quelle puissance d'observation et de belle humeur ! Quel art de camper ces personnages de fantaisie qui, aujourd'hui encore, nous apparaissent tout grouillants d'une vie intense et colorée !

Ce qui est intéressant pour l'histoire locale c'est de rechercher l'influence que le pays natal, le terroir, a exercée sur l'homme et sur son œuvre.

Il semble pour tous ceux qui ont séjourné dans le Chinonais, que Rabelais n'eut pas pu naître ailleurs qu'en ce coin de Touraine où la vie est douce et facile, la nature ornée ; où la terre produit en abondance tout ce qui est exquis et délectable : un vin rouge doux comme *taffetas et velours*, ce bon vin breton *lequel point me croît en Bretagne, mais en ce bon pays de Véron ;* et ces vins blancs tels que celui du clos de la Devinière, clairs, légers, plus agréables que capiteux, et qui sont vins de buveurs et non d'ivrognes.

Les habitants sont les dignes fils de ceux avec qui Rabelais humait le piot sous la tonnelle à l'entrée de la *Cave Paincte*, et il reconnaîtrait encore *les citadins de Cinais, Seuilly, la Roche-Clermaut, Vaugaudry, sans laisser arrière le Coudray-Mont-pensier, le Gué de Veude, et autres voisins, tous bons buveurs, bon compaignons, et beaux joueurs de quille...*

Cette épique bouffonnerie de Gargantua et de Pantagruel, qui vivra dans la mémoire des hommes aussi longtemps que l'Iliade, déroule ses péripéties dans un rayon de quelques lieues autour de Chinon, *petite ville, grand renom, assise sur pierre ancienne, en haut le bois, en bas la Vienne.*

Le frère Jean des Entomeures défendant le clos de Seuilly contre les fouaciers de Lerné est beau comme les héros d'Homère et tout aussi bavard. — La Vède, ou Veude, modeste ruisseau qui séparait les armées de Picrocholle et de Grandgousier, est magnifiée comme le Scamandre ou le Simoïs; les noms de Parilly, Candes, Montsoreau, Lerné, l'Isle-Bouchard, Huysmes, Rivière, Chavigny, etc... empruntent à Gargantua un lustre impérissable, et la Sybille de Panzoult, *vieille mal en poinct, mal vêtue, mal nourrie, édentée, chassieuse, courbassée, roupieuse, langoureuse, qui faisait un potaige de choux verds avecque une couane de lard jaune* est immortelle aussi bien que la Sybille de Cumes ou la Pythie de Delphes.

La ville de Chinon a acquitté sa dette de recon-naissance en élevant une statue à celui qui fut le plus illustre et le plus aimant de ses fils.

Il est intéressant de comparer à cette œuvre, d'ailleurs très belle, du sculpteur Hébert, le remarquable portrait qui se trouve dans la salle des Fêtes de l'hôtel de ville. C'est un des rares portraits qui aient été peints par Eugène Delacroix. Ce n'est plus là le Rabelais conforme à la tradition populaire, indulgent railleur des faiblesses humaines. L'illustre peintre a vu surtout dans Rabelais le philosophe, le penseur; et le coloris éclatant du visage, les lèvres sensuelles, le menton charnu, atténuent à peine la gravité de ce vaste front, et de ce beau et lumineux regard.

Du vivant de Rabelais, la région chinonaise avait vu s'épanouir cet art charmant qui transforma ou remplaça les austères donjons de l'âge médiéval, et sut allier au goût épuré des formes classiques, les plus heureuses traditions de l'époque gothique.

Quelques-uns des chefs-d'œuvre de notre Renaissance française nous ont été conservés. Langeais, Ussé, Azay sont des châteaux cités et décrits dans tous les guides. Champigny, où les ducs de Bourbon-Montpensier avaient entassé des merveilles, et qui fut la plus somptueuse demeure de l'époque, a disparu, rasé par ordre du cardinal de Richelieu. Mais avec Coulaine, dont la tour octogone, engagée dans la façade, est couronnée d'une toiture si curieusement compliquée de balustres et de lucarnes, combien d'autres manoirs, dont on aperçoit les tourelles et les flèches par-dessus les verdures des parcs, méritent de retenir l'attention émue des touristes!

Et ne trouve-t-on pas, un peu partout, dans ce coin de Touraine, des vestiges heureusement conservés où se révèlent l'art consciencieux et l'opulente fantaisie de nos maîtres maçons : portail cintré en anse de panier, tourelle d'angle posée sur son encorbellement comme un canon debout sur sa culasse, chapiteau à volutes contournées en cornes de bélier, coquilles aux fines nervures, métopes ciselées de losanges et de fleurs, toute une végétation merveilleuse de la pierre dans un des plus beaux jardins du monde !

CHAPITRE X

Création d'un corps de ville à Chinon. — La Réforme. — Plusieurs Chinonais émigrent à Genève. — Chinon pendant les guerres religieuses en 1562, 1567, 1568. — On met en état de défense la ville et les châteaux. — L'armée du duc d'Anjou à Chinon en janvier et septembre 1569. — Il n'y a plus d'église protestante à Chinon après 1567.— En 1587, le roi de Navarre est à la Haye-sur-Creuse et fait demander à Chinon des vivres et des munitions. — Il vient à Chinon en 1589 après sa réconciliation avec le roi de France. — La reine de France Louise de Vaudemont vient habiter Chinon. — Mort de Henri III. — Le cardinal de Bourbon, roi de la Ligue, prisonnier à Chinon depuis plusieurs mois, est transféré à Fontenay-le-Comte. — Fin de la guerre civile.

La Cour des Valois délaissa Chinon. Le duché de Touraine fut successivement donné en apanage à Marie Stuart, l'infortunée reine d'Écosse, veuve du roi François II, et à François, duc d'Alençon, le seul des quatre fils d'Henri II qui n'ait pas régné [1]. A sa mort la Touraine fit retour à la Couronne.

Le corps de ville de Chinon fut créé par le roi François II en 1560. Il se composait d'un maire, de

1. D. Housseau, t. X, n°° 4318, 4335.

trois échevins, deux élus, un procureur du roi et un greffier [1].

Alors commencèrent ces terribles guerres religieuses que compliquaient des intrigues politiques et des rivalités personnelles.

Ce n'est pas un médiocre sujet d'étonnement pour l'historien, de voir dans le même siècle, une telle expansion d'art, de luxe et de beauté, et d'aussi désastreuses fureurs.

Pendant plus de quarante ans les hostilités furent à peine interrompues par de courtes trêves ou des traités qu'aucun des partis n'avait l'intention d'observer.

Dès 1560, il y eut une église protestante à Chinon [2]. Depuis dix ans, la Réforme y avait fait des progrès rapides. Quelques Chinonais avaient émigré à Genève, où Calvin, désireux de se créer des partisans dévoués, leur faisait conférer le droit de bourgeoisie [3].

En 1550, au mois d'avril, un de ces émigrés, nommé Jean Godeau, ayant eu l'imprudence de rentrer en France, fut arrêté à Chambéry, condamné et brûlé vif pour crime d'hérésie [4].

1. Chalmel, *Histoire de Touraine*, t. II.
2. A. Dupin de Saint-André, pasteur, *Histoire du Protestantisme en Touraine*. Paris, 1885, p. 277.
3. Audin, *Histoire de Calvin*, Paris, 1851, p. 325.
4. Dupin de Saint-André, déjà cité, p. 28, 274, 277.

Le livre de réception à la bourgeoisie, qui se trouve à l'hôtel de ville de Genève, contient encore d'autres noms d'émigrés originaires de Chinon : Jehan Riche barbier, admis en 1551 ; Pierre Touliet en 1157 ; François Trouillet et François Touillé, en 1558 ; Georges Olivier et Louis Lebarbier, chaussetier, en 1559 [1].

Le premier pasteur de l'Église réformée de Chinon paraît avoir été un certain François Paur, qui fut emprisonné au commencement de l'année 1561. Cette église était en relations étroites avec Genève. Le 15 mai 1561, Guillaume le Boullangier, diacre de l'église de Chinon, écrit à Genève pour annoncer l'arrivée *du bon personnage* envoyé par l'église de Genève à la demande des protestants de Chinon [2].

Cette église subsista plus ou moins clandestinement, jusqu'en 1567.

En 1562, le 2 avril, les protestants commandés par le prince Louis de Condé, s'emparèrent de Tours et furent maîtres de la région pendant trois mois. Vers la fin de juin, le comte de La Rochefoucauld, beau-frère du prince de Condé, vint avec une compagnie de gens d'armes, sommer le gouverneur du château de Chinon, Tiercelin de la Roche-du-Maine, qui capitula, ce qui ne l'empêcha pas, quelque temps après, de faire en paroles des rodomontades d'assez mauvais goût que nous rapporte Brantôme : *Eh, Teste-Dieu pleine de reliques, je les*

en chasserai bien, ce qu'il fit, ajoute Brantôme, *et
jura encore un bon coup, que s'il y eust failly et
n'y fust rentré, il eust tenu Dieu pour huguenot
et ne l'eust jamais servy de bon cœur* [1]*!*

La vérité, c'est que la Roche-du-Maine ne reprit
point le château de vive force. Le 11 juillet 1562, le
roi de Navarre [2] et le duc de Montpensier, à la tête
de l'armée catholique, étaient rentrés à Tours, que
les huguenots venaient d'évacuer. Ils évacuèrent en
même temps Chinon. A Tours, les représailles exer-
cées par les catholiques furent terribles. Il y eut aussi
des meurtres et des pillages à Azay et à l'Isle-Bouchard où, d'après Agrippa d'Aubigné, faute de huguenots et de huguenotes, on tuait des paysans et on vio-
lentait leurs femmes [3]. Inutile de dire que là où les
huguenots étaient les plus forts, ils agissaient de
même.

Les malheureux fugitifs de Tours et de Chinon se
réunirent à Port-de-Piles, au nombre d'environ
un millier d'hommes et cherchèrent à gagner le
Haut-Poitou. Mais à peine arrivés à quatre lieues
de Poitiers, entre Saint-Genest-d'Ambière et Ven-
deuvre, ils furent chassés et poursuivis sans pitié

1. Comparer Agrippa d'Aubigné, *Histoire universelle*,
t. II, et Brantôme, *Vies des hommes illustres et grands capitaines*, discours LXVII [e].

2. Antoine de Bourbon. Il venait de se faire catholique
par ressentiment contre le prince de Condé son frère, amant
préféré de la jeune maréchale de Saint-André, dont ils étaient
l'un et l'autre amoureux.

3. *Hist. universelle*, t. II. Dupin de Saint-André, p. 85-
86. — Voir aussi de Bèze, *Histoire ecclésiastique*.

par le comte de Villars, gouverneur de Châtellerault. Le pasteur de Chinon, Jehan de Tournay, vieillard de soixante-dix ans, fut pris et noyé. Ceux qui avaient obtenu de Villars un sauf-conduit s'imaginaient pouvoir retourner chez eux sans avoir rien à craindre ; mais la populace les pousuivit tout le long du chemin comme des bêtes fauves. Le pasteur de l'Isle-Bouchard est tué à Champigny ; trois cents à peine arrivent à Tours, où un capitaine de M. de Montpensier, Antoine du Plessis-Richelieu, qu'on appelait le Moine parce qu'il avait été dans les ordres [1], les fait jeter dans la Loire.

L'édit d'Amboise du 19 mars 1563 ne put amener la pacification des esprits. A la fin de l'année 1567, le roi Charles IX, craignant un coup de main sur le château de Chinon, confie le commandement de la garnison à M. de Razilly [2]. D'accord avec le duc de Roannès gouverneur du château, et son lieutenant le capitaine Pin, M. de Razilly fit mettre le château en état de défense et requit des habitants les vivres et munitions nécessaires.

La garnison fut retirée après la paix signée à Longjumeau le 23 mars 1568.

A la fin du mois d'août, la guerre reprend avec fureur, et Chinon se trouve encore menacé. Les

1. *Hist. universelle*, t. II. Dupin de Saint-André, p. 85-86. — Antoine du Plessis, un des oncles du cardinal. — Voir aussi de Bèze, *Histoire ecclésiastique*.

2. Lettre datée de Paris le 10 décembre 1567, citée par de Cougny. Elle appartient aux archives de la famille de Razilly.

huguenots sont en force du côté de l'Isle-Bouchard dont ils ont inutilement tenté le siège ; mais ils ont eu la satisfaction de prendre et de piller les châteaux de Champigny au duc de Montpensier, et de Chavigny, près Lerné, appartenant à M. le Roy de Chavigny, comte de Clinchamps, lieutenant général du gouvernement d'Anjou, Maine et Touraine [1].

Monsieur, duc d'Anjou, occupe solidement Tours, mais il ne néglige pas Chinon où le corps de ville est invité, par le duc de Montpensier, à prendre les mesures nécessaires pour le ravitaillement et la défense.

Depuis le 23 septembre, les membres de cette assemblée siègent au moins une fois par semaine sous la présidence de Jean de la Barre, lieutenant général du bailliage et maire.

Comme les communications avec Loudun sont interrompues, on nomme des commissaires des approvisionnements pour réquisitionner dans les environs la moitié des blés, *des meilleurs et plus forts greniers ;* on donne lecture des lettres de M. de Montpensier, et il est fait inventaire des munitions du château [2]

1. Chalmel, t. II, p. 369. Dupin de Saint-André, p. 219, Manuscrits de dom Housseau, t. X, n° 4459.
2. Archives communales. Série B. B. 1. 1568. Délibérations des 23 septembre, 4-7-13 octobre. Ce registre est le plus ancien des archives qui ont été inventoriées et classées par M. Henri Grimaud. Cet inventaire analytique est très utile et l'on doit beaucoup de reconnaissance à son auteur pour le long et pénible travail qu'il s'est imposé. Malheusement ces archives sont incomplètes. Les Vendéens en 1793

Le lundi 9 novembre, le capitaine Pin ordonne de nouvelles réquisitions. Le 22, le moine Richelieu vient tenir garnison dans la ville, et ses exigences sont formulées d'une manière impérative et comminatoire qui choque les habitants : *A ce ne faites faute sous peine d'encourir l'indignation du roy et de s'en prendre à vous, en vos propres et privés noms.* Cet ordre est signé : *A. Duplessis.* A la suite se trouve l'ordonnance du maire qui, prescrit de donner satisfaction à la demande [1].

Les protestants étaient encore nombreux à Chinon. Aussi les catholiques, avec une logique impitoyable, qui était bien dans les mœurs de l'époque, demandent que les huguenots seuls aient à supporter les contributions et autres charges, telles que le logement des soldats, nécessitées par l'état de guerre [2].

Au mois de décembre, le duc d'Anjou vint assiéger Loudun qui était occupé par le prince de Condé, mais un froid terrible suspendit les hostilités, et les deux armées se retirèrent, celle de M. le Prince vers Thouars, et l'armée catholique

en ont brûlé une partie. D'autres registres ont été égarés dans le désarroi qui suivit l'évacuation de la ville par les autorités du district. Ceux qui nous restent sont classés avec beaucoup d'ordre, grâce aux bons soins des secrétaires de la mairie, à qui je tiens à exprimer mes remerciements pour la complaisance qu'ils ont mise à faciliter mes recherches.

1. M. de Cougny, dans sa notice, dit que les habitants exigèrent la radiation sur le registre de la maison de ville, de la phrase citée plus haut ; mais on peut constater qu'elle ne porte aucune rature.

2. Série B. B. 1. Archives. Ordonnances et délibérations des 22 et 27 nov, 1568.

sous les murs de Chinon. Le 9 janvier, le duc d'Anjou datait *du camp devant Chinon* l'ordre au bailli de Touraine et à son lieutenant à Chinon, d'informer contre les protestants qui avaient pillé le château de Chavigny [1]

Au mois de mai 1569, les habitants de Chinon furent inquiets d'apprendre que le capitaine Richelieu sollicitait le commandement du château en remplacement du capitaine Pin qui venait de mourir, et qui était leur compatriote [2].

Ce Richelieu, par son langage et ses manières de soudard, leur déplaisait fort, et ils écrivirent à M. de Chavigny pour que la charge déjà promise au capitaine Richelieu fut donnée à M. de Razilly. Ils obtinrent satisfaction, et aux deux séances du jeudi 19 mai et lundi 27, il fut donné lecture des lettres de M. de Chavigny et de Monsieur, datées du camp de Montbron, le 13 mai, et par lesquelles il était fait droit à leur requête.

Le 12 juillet, les protestants s'emparèrent de Châtellerault. Le gros de leurs forces sous les ordres de l'amiral Coligny, assiège Poitiers. Le duc d'Anjou se résout à tenter une démonstration sur Châtellerault et fait de Chinon sa base d'opérations.

Il y envoie vers la fin de juillet le comte de Coconas, qui devait être trois ans après un des

1. André Duchesne, *Antiquités des villes sur Loudun.* - Dumoustier de la Fond, *Essai sur l'hist. de la ville de Loudun*, p. 41. — D. Housseau, n° 4459.

2. Je le suppose, car il existait alors à Chinon une famille du nom de Pin. **Voir Dupin de Saint-André, p. 276.**

plus féroces massacreurs de la la Saint-Barthélemy, pour se concerter avec M. de Razilly sur tout
ce qui serait nécessaire pour la défense de la ville
et des châteaux.

On convoqua à la maison de ville le 27 juillet, une
assemblée générale des habitants, par devant le
gouverneur M. de Razilly, et autres seigneurs et
gentilhommes. Le procès-verbal de cette séance
fait mention du bon vouloir et de la coopération
des habitants, et des mesures prescrites par le
comte de Coconas [1].

Le 7 septembre, le duc d'Anjou tente une attaque
contre Châtellerault. Repoussé par Coligny il
revient camper à Port-de-Piles, satisfait en somme
d'avoir obligé l'amiral à lever le siège de Poitiers.
Les deux armées s'observent et se tâtent quelque
temps, puis, écrit Agrippa d'Aubigné [2], *le duc va
prendre haleine à Chinon, où il resta douze jours,
tandis que l'amiral s'allait rafreschir à Faye-la-
Vineuse* où, détail que d'Aubigné passe sous silence,
il laissa ses troupes commettre les pires excès.

Après la bataille de Moncontour (3 octobre), dans
laquelle les huguenots subirent une sanglante
défaite, Chinon cessa momentanément d'être exposé
aux risques de guerre.

La Saint-Barthélemy (27 août 1572) fit-elle des
victimes à Chinon ? Il est possible que les mauvais

---

1. Archives municipales. Série B. B. I.
2. Abbé Lalanne, *Hist. de Châtellerault.* — D'Aubigné,
Hist. universelle, t. III, p. 112.

éléments qui se trouvent toujours dans une **population** de quelque importance, aient provoqué des
désordres, mais rien ne permet de croire qu'il se
soit commis des faits graves. Les protestants étaient
encore assez nombreux dans la ville, puisque le
16 mars 1571, ils réclamaient un endroit pour
enterrer leurs morts [1], mais ils n'avaient plus
d'église. Ils allaient au prêche à l'Isle-Bouchard,
où un certain La Contondière, ministre de leur religion, avait coutume de commenter l'évangile, vêtu
d'un pourpoint couleur zinzolin, avec l'épée et la
dague au côté [2].

Il y avait une autre église de la religion prétendue
réformée à Bourgueil. Ce sont les seules de la
région chinonaise dont il soit fait mention dans les
procès-verbaux des synodes provinciaux de Loudun
en 1610, 1616, 1619, etc. Comme le fait remarquer
Dumoustier [3] qui a eu entre les mains les minutes
de ces procès-verbaux, ces mentions sont limitatives,
les églises qui n'étaient pas représentées étant l'objet de censures qu'on inscrivait au procès-verbal.

Il se passa plusieurs années et de graves événements avant que la ville de Chinon fût de nouveau
inquiétée par l'approche de la guerre.

En 1587, trois partis se disputent la France et la
déchirent. Le roi Henri III s'est rendu odieux par
ses prodigalités et par ses vices. Son frère, le duc

1. Archives municipales. Série B. B. 1.
2. Audin, *Hist. de Calvin*, p. 273.
3. *Essai sur Chinon, et sur Loudun*, p. 117 et p. 92.

d'Alençon, devenu duc d'Anjou et de Touraine après
la mort de Charles IX est décédé sans postérité.
L'héritier présomptif du trône, par droit de naissance,
est le roi Henri de Navarre, mais il est protestant et
chef des protestants, alors que l'immense majorité
des Français est catholique. Les Guise, princes de Lorraine, sont les chefs d'un troisième parti, la Ligue,
qui, contre un roi impie et son successeur hérétique
proclame la nécessité de réintégrer et maintenir
dans toute sa dignité et puissance, la religion catholique, apostolique et romaine. La Ligue a un prétendant nominal au trône, le vieux cardinal de
Bourbon, oncle d'Henri de Navarre. Il a soixante-
sept ans, mais les ligueurs pensent que le duc de
Guise sera une sorte de maire du palais en atten-
dant qu'il puisse lui succéder.

Le roi de Navarre a entrepris la conquête de son
futur royaume. Il a pour lui non seulement son
éclatante bravoure, mais la jeunesse, la générosité,
la belle humeur, une indulgence narquoise qui
désarme les inimitiés, et un esprit fin et souple qui
s'allie naturellement chez lui aux plus éminentes
qualités de l'intelligence et du cœur.

Au mois de septembre 1587, il occupe la Haye-sur-
Creuse, et il envoie un détachement qui, le long de
la Creuse et de la Vienne s'avance jusqu'à l'Isle-Bouchard. Le 12, les habitants de Chinon prennent des
mesures hâtives pour mettre le pont en état de

défense : mais le prétendant se contente de requérir des vivres et des munitions. Ils répondent, le 19, qu'ils ont donné spontanément aux gens du roi de Navarre toutes les commodités et nécessités qu'ils ont demandées en vivres, habillements fournitures de chevaux ; qu'ils ont reçu et soigné ses malades et ses blessés ; mais qu'il ne faut pas leur demander plus, parce que les réquisitions précédemment faites par leur roi et souverain seigneur ont épuisé leurs ressources, ajoutant : *qu'ils entendent se maintenir en l'obéissance du roy et faire le très-humble ser-cice à MM. les princes de son sang et particuliè-rement au seigneur roy de Navarre, qu'ils recon-naîtront toujours pour premier prince du sang* [1].

Cette petite phrase, par laquelle, sans se compro-mettre vis-à-vis du roi de France, ils faisaient comprendre au roi de Navarre qu'ils voyaient en lui le légitime héritier du trône, ne manquait pas d'habileté, et le Béarnais, qui s'y connaissait, leur en sut gré et n'insista pas davantage.

L'année suivante, le 23 décembre 1588, Henri de Guise est assassiné à Blois avec le cardinal de Lorraine son frère. Henri III fait arrêter le roi de la Ligue, le cardinal de Bourbon, et le fait enfermer au château de Chinon. Mais Paris est au pouvoir de la Ligue, et Henri III n'a plus d'autre secours à espé-rer que dans une alliance avec le roi de Navarre.

1. Archives municipales. Série B. B. 3.

A Chinon, on n'est pas hostile au Béarnais, mais à toutes fins, et à raison du désordre général du royaume, les habitants prennent le 25 février et le 3 mars 1589 les précautions nécessaires pour mettre la ville à l'abri d'un coup de main. On lève une contribution de six cents écus, et on fait abattre tous les arbres des îles, jusqu'à Saint-Louans [1].

Le 4 mars, le roi de Navarre date de Châtellerault l'admirable manifeste, chef-d'œuvre de bon sens et de haute raison politique, qu'il adressait aux trois États du royaume.

On peut sans doute en attribuer le mérite, pour partie, à la rédaction de Duplessis-Mornay, l'habile conseiller du roi ; mais comment ne pas reconnaître la pensée et le cœur du grand homme d'État que fut Henri IV dans les phrases suivantes : — ... *On me force malgré moy de rendre ma desfense presqu'aussi fascheuse que les violences que font ceulx qui m'attaquent..., il faut que mon âme reçoive mille fois le jour des peines, des afflictions..., que nulles peines, nulles afflictions ne sauraient esgaler, principalement quand je sçais que de tous ces malheurs les meschants me font le prétexte, les ignorants la cause, et que moy-mesme encore qui m'en puis justifier, je m'en dis moy-mesme l'occasion. Pleust à Dieu que je n'eusse jamais été capitaine puisque mon apprentissage se devait faire à tels despens !*

Cet écrit répandu et colporté à Chinon, lui con-

1. Archives municipales. Série B. B. 3.

quit tous les cœurs, et on y apprit avec joie l'entrevue d'Henri III et du roi de Navarre à Plessis-les-
Tours, le 3o avril, et leur réconciliation.

Mais Tours était menacé par l'armée de la Ligue,
commandée par le duc de Mayenne. Henri de
Navarre avait le gros de ses forces à Saumur. Dès
le lendemain 1er mai, il vient à Chinon où il
avait convoqué ses principaux officiers, qui manifestaient une profonde répugnance à l'idée d'une
alliance avec un roi débauché pour qui ils n'avaient
que haine et mépris[1]. Henri réussit à les convaincre,
et pressa la marche de son armée sur Tours. Elle
y arriva le 8 au soir, par la rive droite de la Loire,
juste à point pour soulager l'effort de l'armée royale
vigoureusement pressée par le duc de Mayenne, qui
fut contraint de se retirer.

Les deux alliés se dirigent alors sur Paris, et le
roi de France fait conduire la reine à Chinon pour
l'éloigner du théâtre des hostilités[2]. Cette douce
et résignée créature qu'était Louise de Vaudemont
y resta près de trois mois. Elle était dans une gêne
pénible, comme d'ailleurs le roi lui-même, à qui
les États de Blois n'avaient alloué pour sa maison
que des subsides dérisoires.

Le 2 août, à Saint-Cloud, Henri III était frappé à
mort par Jacques Clément, et écrivait à la reine :
*Ma mie, vous avez su comme j'ay été misérablement
blessé ; j'espère que ce ne sera rien. Priez Dieu pour*

1. Hardouin de Péréfixe, *Histoire de Henri IV*.
2. Chalmel, t. II, p. 416.

moi. Adieu ma mie ! — Mais on avait appris à Chinon la mort du roi, et personne n'osa remettre ce billet à la reine, ni lui révéler la fatale nouvelle. On lui fit croire que sa présence était réclamée à Chenonceaux et ce fut là qu'elle apprit qu'elle était veuve.

Le duc de Mayenne fit aussitôt proclamer roi, sous le nom de Charles X, le cardinal de Bourbon, qui était toujours prisonnier au château de Chinon. Henri IV redoutait fort qu'on ne le fit évader, d'autant que le gouverneur du château, M. de Chavigny, *homme d'une fidélité à l'épreuve, était vieux et aveugle* [1].

Il envoya à Chinon, le 23 août, MM. de Foudras et du Lys, membres de son conseil, pour convaincre les habitants de la nécessité d'augmenter la garnison, en considération *du gage précieulx qui est dans les chasteaux, savoir est Mgr le cardinal de Bourbon.*

Les habitants convoqués le 28 en assemblée générale, répondent qu'il est inutile d'augmenter la garnison et qu'ils se font forts de maintenir la ville et les châteaux sous l'obéissance du roi : mais Henri, ne considérant pas cette garantie comme suffisamment rassurante, envoya dès le mois de septembre son fidèle Duplessis-Mornay à Chinon, avec ordre d'y prendre le cardinal de Bourbon et de le conduire à Fontenay-le-Comte. Le cardinal y mourut l'année suivante.

1. De Thou, *Histoire de son temps.*

En 1590, au mois de juin, les habitants de Chinon
eurent encore quelques craintes. Les ligueurs
étaient restés maîtres de Poitiers, et le bruit courut
qu'ils avaient envoyé une forte troupe vers Chinon,
par Mirebeau et l'Isle-Bouchard, de sorte qu'il
fallut assurer la défense de la ville [1]. Il y eut une
autre alerte au mois d'avril suivant [2] et pendant
quelques années encore des bandes armées de
ligueurs et de huguenots commirent, sous prétexte
de religion, des violences et des pillages. En 1595,
une troupe de ligueurs assaillit et maltraita, à
l'entrée du faubourg Saint-Jacques, un certain
nombre de protestants de Chinon qui revenaient du
prêche de l'Isle-Bouchard [3].

Mais c'étaient là les derniers soubresauts de la
guerre civile, et la lassitude générale avait déjà
pacifié les esprits, bien avant que la conversion du
roi et la promulgation de l'Edit de Nantes eussent
réconcilié les cœurs et permis au roi Henri et à ses
habiles ministre : Duplessis-Mornay et Sully,
d'employer tous les bons Français à réparer tant de
ruines.

1-2. Archives municipales, 12 et 19 sept. 1587 ; 25 janvier,
25 février et 3 mars 1589 ; 23 août et 28 août 1589 ; 16 juin
1590 ; 21 avril 1591.
3. Dupin de Saint-André, p. 149.

CHAPITRE XI

Le domaine de Chinon est engagé au prince de Condé. — Disgrâce et arrestation du prince. — M. de Rochefort remet le château aux troupes du roi. — M. d'Elbène est nommé gouverneur. — La reine mère reçoit en douaire la ville et le château de Chinon, mais le maréchal de Bassompierre y met garnison pour le roi. — Armand-Jean du Plessis de Richelieu, évêque de Luçon et aumônier de la reine Anne d'Autriche est promu cardinal et entre au Conseil du roi. — Il fait construire le château et la ville de Richelieu. — Il est question de démolir le château de Chinon. — Comment le cardinal se rendit maître du domaine de Chinon. — Érection de la terre de Richelieu en duché-pairie. — Comment il acquit la seigneurie de Champigny et fit raser le château des Bourbon-Montpensier.

L'assassinat de Henri IV, surpris par la mort dans la préparation de ses grands projets, la minorité du roi, les irrésolutions de la reine régente, Marie de Médicis, femme frivole, prodigue et nonchalante, furent autant de causes qui réveillèrent l'esprit d'intrigue et de rébellion. Au commencement de l'année 1614, le prince Henri de Condé souleva les protestants, mais cette prise d'armes ne fut qu'un prétexte à des négociations et à des marchandages.

A Chinon, on prit quelques précautions lorsqu'on

sut que le prince avait concentré des troupes à
Châtellerault. Le gouverneur du château était M. de
Balou. Le vendredi 16 octobre 1615, les habitants de
la ville, sur ses réquisitions, lui fournirent des munitions et des vivres, savoir : de la poudre, des sau-
mons de plomb, du vin blanc, du blé froment, des
matelas, etc. [1] et la garnison du château fut renfor-
cée par les hommes de M. de Razilly, une compagnie
commandée par M. des Genets et quelques gentilshommes des environs.

A la demande du prince de Condé, il y eut une
conférence à Loudun qui commença le 10 février et
dura jusqu'au 4 mai 1616, date à laquelle un accord
fut signé.

Le prince de Condé qui déjà, dans un premier
arrangement conclu à Sainte-Menehould le 15 mai
1614, s'était fait allouer un million de livres, recevait encore un million cinq cent mille livres, une
place dans le Conseil, le gouvernement du Berry, la
ville de Bourges et la ville et le château de Chinon.

Il vint prendre possession de Chinon le 9 mai.
Le corps de ville avait envoyé une délégation au-
devant de lui à Loudun. On tira en son honneur des
salves d'artillerie, et on lui prodigua ainsi qu'à la
princesse et à ses officiers, toutes sortes d'attentions
délicates. Le prince resta à Chinon près d'un mois.

Il donna le commandement du château à un de
ses gentilshommes, M. de Rochefort, qui lui était

1. Archives municipales, série H.II. *Affaires militaires*,
16 et 26 octobre ; — de Cougny, sur Chinon.

tout dévoué. Celui-ci était alors à Paris, où le prince l'avait envoyé pour presser l'exécution des autres articles du traité de Loudun. Il arriva à Chinon seulement le 20 juillet et fut reçu par le corps de ville qui lui fit, en manière de bienvenue, de menus présents de vin et de fruits.

Mais le prince de Condé, revenu à la Cour, se rendit insupportable par sa hauteur et ses exigences, si bien que le jeudi 1er septembre, à onze heures, alors qu'il était dans la chambre de la reine mère, il fut arrêté au nom du roi par M. de Thémines.

Le maréchal de Souvray, commandant l'armée de Touraine, envoya à Chinon un détachement sous les ordres de M. de la Roche-Allard, premier capitaine au régiment de Lansac, prendre possession du château. Mais Rochefort s'était audacieusement préparé à résister aux troupes du roi. Il avait formé une troupe forte de quatre cents hommes de pied et de deux cents cavaliers, et le 4 septembre il adressait aux habitants un ordre de réquisition de vivres.

Il ne consentit à rendre le château que sur l'ordre qu'il en reçut du prince de Condé. Le maréchal de Souvray occupa la ville dans les premiers jours d'octobre. La remise des pièces d'artillerie, vivres et munitions, fut faite par M. de Rochefort à M. de Bouranton, exempt des gardes du corps, commis à cet effet par le roi, et le 20 octobre, M. Barantin, conseiller du roi et intendant de l'armée de Touraine **dressait contradictoirement avec M. de Rochefort,** l'inventaire de tout ce qui se trouvait au château[1].

Notons, dans ce curieux inventaire, certains articles qui indiquent l'abandon dans lequel on avait laissé les bâtiments de l'ancienne résidence royale. « En la grande salle du chasteau : vingt-trois matelas, cinq traversins, deux méchantes couvertures, vingt-six draps très vieux... En la chambre du prieuré : deux châlits à quenouille, un sans fond... En la garde-robe à côté : un méchant châlit de couchette, un buffet, un bassin en bois... En la chambre du roy : deux châlits de couchette... En la garde-robe : une méchante table... Au pavillon de l'horloge : deux châlits de couchette très gros, une chaise !...

De la chapelle Saint-Martin, on avait fait « un grand moulin à chevaux garni de ses meules, faisant farine » ; et la chapelle Saint-Melaine était à la fois cellier et garde-manger, contenant « quarante et une pipes de vin vieux, tant blanc que clairet, et deux saloirs pleins de porc salé ».

Le 23 octobre, M. le maréchal de Souvray donna l'ordre à M. Bouranton de délivrer à M. de la Roche-Allard, à titre de gratification pour la reconnaissance hardie qu'il avait faite sous les murs du château, dix poinçons ou cinq pipes, à prendre sur la quantité constatée à l'inventaire[2].

Le roi nomma pour gouverneur M. d'Elbène, gentilhomme d'origine italienne, commandant la

1-2. Archives municipales, série H.H., 20 octobre, 23 octobre **1616.**

compagnie de chevau-légers de Monsieur[1]. Il fut reçu par le bailliage et le corps de ville le 17 juillet[2] avec les honneurs accoutumés.

Le prince de Condé, dans ce simulacre de guerre civile, avait fait preuve d'une révoltante cupidité. Il en a été ainsi des principaux chefs de la noblesse à toutes les époques de troubles. Henri IV, qui était assez fort pour les contraindre, avait préféré payer leur soumission parce qu'il avait hâte de commencer son œuvre réparatrice ; la régente avait payé parce qu'elle était faible, sauf à prendre sa revanche au moment opportun. Mais déjà, il se trouvait dans les conseils de la Cour, un homme qui à pas lents, circonspects et sûrs, tentait l'approche du pouvoir, et que le souvenir de ces criminels marchandages devait rendre plus tard impitoyable vis-à-vis de ceux qui voulurent recommencer pareil jeu.

Il se nommait Armand-Jean du Plessis de Richelieu, il était évêque de Luçon et aumônier de la jeune reine Anne d'Autriche. Il avait alors trente ans. Sa famille avait ajouté à son nom celui de la terre de Richelieu, à cinq lieues de Chinon, sur les confins du Poitou.

Cet illustre homme d'État devait être néfaste à la ville de Chinon, et l'on ne peut expliquer que par des motifs singulièrement mesquins pour un si puissant esprit, sa persistance à détruire l'antique for

1. *Journal d'Héroard*, 1ᵉʳ septembre 1626.
2. Archives municipales, série L. L. État des deniers de Mᵉ Jehan Besnard, receveur des deniers communs.

teresse qui faisait l'orgueil et le décor de la ville.

Sa fortune parut chanceler lorsque la reine mère fut exilée à Blois, à la suite de la révolution de Palais qui avait substitué l'influence d'Albert de Luynes à celle du maréchal d'Ancre, si promptement expédié par Vitry d'un coup de pistolet. Richelieu suivit la reine à Blois, le 4 mai 1617, puis obéit à l'ordre qu'il reçut de résider à Avignon, où il resta deux ans, s'appliquant à se faire un double mérite de sa fidélité à l'infortune et de son humble soumission aux volontés du roi. Si bien que Marie de Médicis ayant réussi à s'évader de Blois, il parut être l'intermédiaire nécessaire entre la mère et le fils.

Par un accord signé à Angoulême le 10 août 1619, la reine reçut en douaire le gouvernement d'Angers avec les Ponts-de-Cé et la ville et le château de Chinon. Elle donna le commandement du Château à M. de Chanteloup.

Elle eut une entrevue avec le roi à Couzières, près de Montbazon, le jeudi 5 septembre; le roi, qui était alors à Tours, avait été au-devant d'elle qui arrivait d'Angoulême. Le jeudi 19, le roi alla encore la voir à l'hôtel de la Bourdaisière à Tours où elle était logée. L'entretien ne fut pas des plus chaleureux, et le soir même la reine partait pour Chinon où elle séjourna quelque temps avant de retourner à Angers[1].

---

1. *Journal d'Héroard,* 5 et 9 sept. 1619.

Elle eut bientôt près d'elle une cour de mécontents, Longueville, Retz, La Trémoille, d'Épernon, Nemours, Mayenne, qui finirent par se mettre en révolte ouverte.

Le roi envoya à Chinon le maréchal de Bassompierre pour s'enquérir des dispositions du gouverneur. Celui-ci ayant promis fidélité au roi, M. de Bassompierre lui laissa quatre compagnies du régiment de Navarre [1].

Pendant ce temps, le roi en personne marchait du Mans vers Angers, et le vendredi 7 août 1620, une rapide escarmouche qui eut lieu en amont des Ponts-de-Cé et dans laquelle les troupes de la reine furent dispersées, mit fin à cette guerre sans objet.

Le roi laissa à sa mère tout ce qui lui avait été accordé par le traité d'Angoulême, et elle revint bientôt après à Paris, où elle devait servir de toute son influence son fidèle conseiller l'évêque de Luçon, habile négociateur de sa réconciliation avec le roi.

Richelieu était nommé cardinal le 5 septembre 1622, et au mois d'avril 1624, il entrait dans le Conseil.

Dans le courant du mois de juin 1626, les élus de la ville furent avisés que Mgr le Cardinal leur ferait l'honneur de visiter Chinon pendant le voyage qu'il devait faire à Nantes avec Sa Majesté.

Par une délibération du 17 juin [2] il fut décidé que

1. *Mémoires du maréchal de Bassompierre.*
2. Archives municipales, B.B, 4.

le cardinal de Richelieu serait reçu avec toutes les soumissions et respects qu'il se pourrait; et le 28 juin, qui était un dimanche, il fut servi aux officiers et aux personnes de la suite du Cardinal une collation dont la dépense s'éleva à 287 livres [1].

Mais rien n'indique la présence du Cardinal à Chinon ce jour-là. On ne trouve trace sur les registres de l'hôtel de ville d'aucune délibération, d'aucun procès-verbal relatif à une réception solennelle, à l'envoi d'une délégation au-devant du tout-puissant ministre, aux harangues qui auraient été prononcées.

Si nous consultons le journal d'Héroard, nous constatons que le roi fit sa prière à Notre-Dame-des-Ardillers le 29, et prit le bateau pour Saumur. Le Cardinal très vraisemblablement n'a pas quitté le roi pendant le trajet de Tours à Nantes où la cour arriva le 3 juillet. Mais les officiers de sa maison et la compagnie de ses gardes étaient partis le 27 ou le 28 et avaient pris la route par Chinon, et ce sont eux qui mangèrent la collation.

Depuis l'année 1621, le Cardinal était devenu propriétaire du domaine patrimonial et du château de Richelieu, en Poitou, par suite du décès de son frère aîné Henri du Plessis-Richelieu, qui avait été tué en duel par le marquis de Thémines.

On disait merveilles des splendeurs architecturales du palais qu'il faisait construire, par l'architecte Lemercier, sur l'emplacement du manoir héré-

1. *Id.* Registre des deniers communs.—De Cougny, Chinon et ses environs.

ditaire, et les Chinonais prenaient ombrage de cette ville toute neuve qui s'était bâtie en même temps à cinq lieues de chez eux, et dont le développement était favorisé par toutes sortes de privilèges.

On ne peut affirmer que le Cardinal soit né à Richelieu. La plupart de ses historiens, depuis Aubery(1660)jusqu'à M. Hanotaux, admettent comme certain qu'il est né à Paris, où il fut en effet baptisé au mois de mai 1586, à Saint-Eustache, mais sept mois après sa naissance, ce qui permet de conserver un doute. D'autre part, Mlle de Montpensier, dans ses mémoires, affirme, qu'étant venue à Richelieu en 1639, on montrait aux visiteurs du vivant même du Cardinal, la chambre où il était né. En tout cas Richelieu était le berceau de sa famille. Sa mère reposait dans un caveau de la petite église de Braye, qui était l'église paroissiale du lieu [1].

Rien donc de plus naturel et de plus légitime que ce sentiment d'orgueil qui inspira au grand homme d'état la résolution d'illustrer la terre patrimoniale par des monuments et des fondations qu'il pouvait croire impérissables.

Malheureusement ces projets devaient porter à la ville de Chinon un préjudice irréparable.

---

1. Sur la ville et le château de Richelieu consulter pour plus de détails : *Mémoires des Antiquaires de l'Ouest.* t. II, p. 246. — *Notice sur le château*, par de Chergé, t. II, 228. — *Notice généalogique sur la famille de Richelieu*, par Martineau, t. XI des bulletins. — Abbé Bossebœuf ; Richelieu, *Monuments et souvenirs*, Tours, 1888 et diverses notices du même auteur. Abbé Lacroix ; Richelieu évêque de Luçon ; *Mémoires des Antiquaires de l'Ouest.*

Pour justifier la création du duché-pairie qui devait porter son nom, Richelieu avait acheté le 7 février 1628, la baronnie de Mirebeau du duc Gouffier de Roannès pour deux cent dix mille livres tournois, puis, l'année suivante, du duc Henri de La Tré-moille et de sa mère la duchesse de Nassau, la baronnie de l'Isle-Bouchard et plusieurs autres sei-gneuries.

A la fin de l'année 1628, les habitants de Chinon apprirent qu'il était question au Conseil du roi, de démolir leur château. Le Cardinal avait en effet ce travers de ne pas souffrir dans son voisinage d'autres châteaux que le sien, surtout lorsqu'ils évoquaient de grands souvenirs qui auraient pu jeter de l'ombre sur sa jeune maison ducale.

Le 13 novembre, le roi, passant à Saumur pour s'en retourner à Paris après la prise de la Rochelle, le corps de ville de Chinon l'envoya saluer et compli-menter. Le 29, on adressait à Sa Majesté d'humbles remontrances pour obtenir qu'il ne fut pas donné suite au projet de démolition du Château.

Le 23 décembre 1628, le roi envoyait à Chinon un architecte pour lever les plans de la ville et du Château et lui faire un rapport qui fut sans doute favorable, car il ne fut plus question pour l'instant de la démolition du Château [1]. Le Cardinal imagina alors d'en devenir le maître, et il est assez curieux

1. Archives municipales. Série B. B. 4, 13 et 29 novembre et 23 déc. 1628.

de voir cet homme de génie, qui agitait dans son cerveau tant de vastes problèmes, se révéler dans la gestion de ses propres affaires, aussi habile et retors qu'un procureur.

Le domaine de Chinon, comme domaine de la Couronne était inaliénable : il ne pouvait être concédé, comme il l'avait déjà été plusieurs fois, qu'à titre temporaire et sous réserve de réversibilité. Il eut été facile au Cardinal de l'obtenir aux mêmes conditions et d'en être institué seigneur engagiste, mais il voulait quelque chose de plus qu'un droit précaire. D'autre part, il éprouvait quelque scrupule, en sa qualité de ministre du roi, à figurer en nom dans un contrat ayant pour objet l'aliénation d'un bien du Domaine. Voici par quels détours il put parvenir à ses fins.

Chinon était alors engagé au prince de Condé ; mais celui-ci s'était réconcilié avec la cour et n'avait rien à refuser au tout-puissant ministre.

Tout d'abord un échange fut consenti entre le roi et la princesse de Conti, qui préalablement s'était entendue avec le Cardinal.

Le roi cédait à la princesse de Conti sa tante, plusieurs seigneuries, parmi lesquelles Chinon, et recevait en retour divers domaines qui appartenaient à la princesse en toute souveraineté [1].

Mais cet échange n'acquérait de valeur légale que par l'enregistrement qui serait ordonné par le Parle-

---

1. Archives d'Indre-et-Loire. Série E. n° 146.

ment, après une estimation du revenu des biens aliénés par la couronne [1].

Le procès-verbal d'expertise du domaine de Chinon, dont il existe une copie aux Archives départementales, est daté du 11 janvier 1631, il est affirmé *par Jacques Richard de Fleury, sieur de Villetrun, conseiller du roi et trésorier-général de France au bureau des Finances estably à Tours*.

Le domaine *immuable* comprenant les cens et rentes, y compris les rentes dues à cause des héritages de la forêt pour la part du roi, co-propriétaire indivis avec l'archevêque, se totalise par un revenu de cent onze livres.

Le domaine *muable* (droits de hallage, poids et balances, péage, amendes, ventes et rachapts, présentation aux offices du bailliage, etc...) s'élève à un revenu total de deux mille huit cent trente-six livres.

Les charges en déduction (gages d'officiers, aumônes, réparations, etc...) sont évaluées neuf cent quarante-quatre livres, treize sols, quatre deniers, soit un revenu net de deux mille livres [2].

Que signifiaient ces expressions : domaine immuable, domaine muable ?

Dans l'ancien droit, le domaine du roi comprenait : 1° le domaine fixe, c'est-à-dire tout ce qui appartient au roi en sa qualité de souverain, et qui, spécialement consacré à la Couronne de France,

1. *Dictionnaire de Droit et de Pratique*. Paris 1755. V. Domaine du Roi.
2. De Cougny, *Chinon et ses environs*. Archives départementales, série E. n° 146.

est inaliénable de sa nature, le roi, n'étant pas
réputé propriétaire, mais seulement administrateur
des biens de la Couronne qui sont *tanquam dos*
ipsius Regni et Republicæ, Regi data regnandi
causa; ideoque inalienabilis ut ea quæ ab uxore
marito nuptiarum causa data sunt... C'est comme
une dot du royaume lui-même et de l'État donnée
au roi pour qu'il règne, et qui est par conséquent
inaliénable comme sont les choses données par
l'épouse au mari pour les causes du mariage.

2° Le domaine casuel, c'est-à-dire celui qui appartenait au roi par acquisition, succession, déshérence,
confiscation, etc..., et qui pouvait être aliéné pendant
seulement les dix premières années, après lesquelles
il était, de droit, incorporé au domaine fixe.

Le domaine fixe se divisait en domaine immuable
et en domaine muable.

Le domaine immuable s'appelait ainsi parce qu'il
ne pouvait ni augmenter, ni diminuer, consistant en
droits, tels que les cens et les rentes dont le revenu
ne change pas ; le domaine muable consistant
dans des choses qui s'afferment comme greffes,
amendes, contrôles, péages, etc..., était naturellement
susceptible de varier. Ce sont là les deux expressions vraiment juridiques qu'a dû employer dans
son procès-verbal d'expertise le sieur de Villetrun,
et non celles de domaine *immeuble* et de domaine
meuble qui émanent plutôt d'un copiste.

Mais ce qu'il importe de retenir c'est que le
domaine muable, aussi bien que le domaine immua-

ble, faisant partie du domaine fixe de la Couronne
étaient l'un et l'autre également inaliénables [1].

Aussi le Parlement ne manqua pas, en ordonnant
l'enregistrement du contrat d'échange, de mentionner
expressément la clause de réversion au profit du
roi contre remboursement à l'échangiste du mon-
tant de l'évaluation.

D'ailleurs, cette mention expresse n'était pas
nécessaire, la réserve étant de droit, et tout aussi
efficace sous-entendue qu'exprimée.

L'acte d'échange fut ainsi enregistré peu de jours
après le 11 janvier 1631.

Le 20 février, la princesse de Conti revendait le
domaine de Chinon à Guillaume Millet, secrétaire
de la reine-mère, pour le prix de soixante mille livres
calculé sur deux mille livres de revenu capitalisées
au denier trente [2].

Guillaume Millet n'était que le prête-nom du
cardinal. Un arrangement intervint le 6 septembre
entre Guillaume Millet et le prince de Condé qui
renonça à tous droits quelconques sur la terre et
sur le domaine de Chinon ; et le 15 septembre 1631,
par acte reçu par Mes Guéneau et Parque, notaires au
Châtelet, le sieur Millet déclarait command au profit
de Mgr le Cardinal, représenté par Michel le Masle,
prieur des Roches-Saint-Paul, son secrétaire ; et il
était déclaré dans l'acte, que les soixante mille livres

1. *Dictionnaire de Droit et de Pratique.* V. Domaine du
roi.
2. **Archives d'Indre-et-Loire. Série B, n° 146.**

versées en espèces à Mme la princesse de Conti avaient été fournies par *l'Éminentissime Armand-Jean du Plessis, Cardinal, duc de Richelieu, pair de France.*

Le roi Louis XIII venait en effet d'ériger la terre de Richelieu en duché-pairie, par lettres patentes expédiées de Montceaux [1] au mois d'août, et le nouveau duc et pair avait pris séance au Parlement le 5 septembre 1631.

Le 20 octobre, l'acte de déclaration de command était enregistré au greffe du bailliage de Chinon, formalité qui consacrait au profit du cardinal la prise de possession de son nouveau domaine.

Et le 23 janvier 1632, le cardinal obtenait la suppression de la clause de reversibilité mentionnée dans l'enregistrement de l'acte d'échange, en faisant signifier au Parlement des lettres de jussion, par lesquelles le roi prescrivait d'enregistrer l'acte d'échange en supprimant les modifications qui y avaient été insérées *voulant sa Majesté que sa tante et tous autres jouissent dudit domaine de Chinon comme d'échange et d'acquêt pur et simple*[2].

Avons-nous besoin de dire que ce *fait du prince* ne modifiait pas le droit, et que le roi ne pouvant aliéner qu'à titre temporaire et sous condition de réversion à son profit, sa renonciation à son droit de retour était dénuée de toute efficacité?

Remarquons en outre, que le Cardinal, par les actes dont nous avons parlé, n'avait point acquis le

1. Manuscrits de dom Fonteneau, t. XVIII, p. 261.
2. De Cougny, *Chinon et ses environs.*

domaine foncier du château. Ses héritiers, par des emprises successives, finirent par s'en emparer, sans pour cela se créer un droit, car le domaine de la Couronne n'était pas seulement inaliénable, mais encore imprescriptible.

Dans son testament reçu par M⁰ Falconis notaire royal à Narbonne, le 23 mai 1642, le Cardinal ne parle pas de son domaine de Chinon. Sans doute on peut admettre qu'il l'avait compris dans la disposition ci-après : *Je donne et lègue audit Armand de Vignerot et en ce l'institue mon héritier, sçavoir mon Duché-Pairie de Richelieu, ses apartenances et dépendances avec toutes les terres que j'ai fait ou pourray faire unir à iceluy avant mon décez* [1]... Mais il semble que la glorieuse seigneurie de Chinon méritait bien une mention spéciale et il est permis de croire que cette prétérition eut pour cause l'incertitude de l'illustre malade sur l'étendue de son droit.

Il n'y est pas fait davantage mention de la seigneurie de Champigny que le Cardinal avait acquise, en 1635, du frère du roi, Gaston d'Orléans, par une combinaison encore moins scrupuleuse que celle dont nous venons de parler. Le Cardinal ne pouvait ignorer en effet que la terre de Champigny appartenait, non pas à Gaston d'Orléans, mais à sa fille née de son premier mariage avec M¹¹⁰ de Montpensier, et qui devait être la Grande Mademoiselle.

1. Aubery, *Hist. du cardinal de Richelieu*, 1660.

Ce n'était alors qu'une enfant de huit ans, et cette spoliation n'en apparaît que plus odieuse. Gaston d'Orléans, toujours compromis dans quelque conspiration, avait dû se soumettre aux volontés du Cardinal, qui tenait surtout à faire raser ce magnifique château de Champigny, réputé pour une des plus belles demeures de France.

Le château actuel a été aménagé dans les dépendances de l'ancien. De tant de splendeurs il n'est resté que la Sainte Chapelle, dont les vitraux peuvent soutenir la comparaison avec les plus beaux qui soient au monde [1].

1. Abbé Bossebœuf, *le Château et la Sainte Chapelle de Champigny*.

CHAPITRE XII

**Comment le Cardinal réussit à faire demander la démolition
du château par les habitants eux-mêmes. — Les travaux
sont ajournés faute d'argent. — Les Diables de Chinon. —
Dangereuses extravagances du curé de Saint-Jacques. —
Le Chinonais Claude Quillet obligé de se réfugier en Italie.
— Comment la possession fut supprimée à Chinon. — Mort
de l'historien chinonais André Duchesne. — Mort du Cardinal. — Son petit-neveu Armand de Vignerot. héritier
du duché de Richelieu sous l'administration de la duchesse
d'Aiguillon. — Des soldats espagnols faits prisonniers à
Rocroy sont détenus au château. — Conflit entre les habitants et M. de la Brosse, gouverneur du château. — Abandon du château. — Il est démoli dans les premières années
du XVIIIᵉ siècle. — Prétentions du maréchal de Richelieu
aux droits honorifiques. — Le corps de ville les conteste ; puis cette délibération est désavouée et l'on se
soumet aux volontés de M. le maréchal. — Mort du maréchal et de son fils avant la Révolution.**

Les élus de Chinon s'étaient inquiétés de cette
espèce d'annexion de leur ville au nouveau
duché. Craignant de perdre les avantages et les franchises dont bénéficiaient les villes qui avaient le roi
pour seigneur immédiat, ils députèrent le lieutenant
particulier de la Barre vers le Cardinal pour le supplier de maintenir les droits et prérogatives du corps
de ville (10 octobre 1631).

Le 30 janvier 1632, le lieutenant particulier de la Barre rendait compte de sa mission et du bon accueil qui lui avait été fait [1].

Il n'entrait pas dans les calculs du Cardinal de violenter les sentiments des habitants, et il préféra user de persuasion vis-à-vis de quelques notables qui consentirent, par une initiative complaisante, à favoriser l'exécution de ses desseins.

Au commencement de l'année 1634, une requête fut adressée au Conseil du roi par plusieurs magistrats du bailliage et principaux habitants de la ville, à l'effet de faire démolir le Château.

Une assemblée générale fut convoquée le 2 mars pour en délibérer. Personne n'osa faire d'objection et la requête fut approuvée [2]. On mit en adjudication la démolition du Château, mais l'adjudicataire ayant exigé un acompte et des garanties, les habitants se refusèrent à payer, et dans une délibération d'assemblée générale en date du 23 septembre 1634, ils invitèrent l'adjudicataire à porter ses réclamations devant la généralité de Tours [3].

L'affaire en resta là, mais on cessa dès lors d'entretenir le Château.

Nous ne pouvons passer sous silence les événements singuliers qui troublèrent Chinon pendant plusieurs années, à l'occasion et à la suite du procès

1-2-3. Archives municipales. Série B, B, 5.

d'Urbain Grandier, curé de Loudun, qui fut brûlé vif sur la place Sainte-Croix de cette ville, le 18 août 1634, comme coupable de magie et de sorcellerie[1].

Les exploits des diables de Loudun avaient eu presque aussitôt leur répercussion à Chinon. Le curé de Saint-Jacques, Barré, chanoine de Saint-Mexme, personnage fanatique et visionnaire, avait été appelé par le directeur des Ursulines de Loudun, le chanoine Mignon, pour exorciser les sœurs qui se prétendaient possédées.

Beaucoup de Chinonais se déplaçaient pour ces cérémonies, et cette foule, à qui on offrait l'édifiant spectacle des contorsions obscènes de ces pauvres filles qu'on exhibait toutes nues dans l'église, propageait au loin de déplorables semences de contagion.

Le célèbre Laubardemont, maître des Requêtes, que le cardinal avait commis pour instruire le procès de Grandier, apprécia à sa valeur la collaboration de Barré et l'admit parmi ses familiers. Vers la fin de l'année 1633, allant de Loudun à Paris, il s'arrêta à Chinon, où Barré lui offrit le régal d'un double exorcisme qu'il pratiqua sur deux de ses paroissiennes. Ce sont ces deux mêmes filles dont on n'a connu que les prénoms, Catherine et Jeanne, qu'il exorcisa solennellement le 30 mai 1634, dans l'église

---

1. Consulter sur Urbain Grandier : Aubin, *les Diables de Loudun*, éditions de 1693 et 1716. — *Urbain Grandier*, par Legué, Baschet, Paris, 1880. — *Sœur Jeanne des Anges*, par **Gilles de la Tourette et Legué.**

Saint-Jacques de Chinon. Non seulement ces deux malheureuses accusaient Grandier, qu'elles n'avaient jamais vu ; elles accusaient également de magie le bailli de Loudun qu'elles ne connaissaient pas davantage, mais qui, magistrat intègre et circonspect, avait le tort grave, aux yeux de **Barré**, de ne pas croire à la possession.

Le procès-verbal de ce double exorcisme, dressé par Dreux, lieutenant général du bailliage de Chinon, fut joint à l'information. Dreux fut parmi les juges de Grandier, avec de la Barre, sieur de Brizay, qui était son lieutenant particulier [1].

Un spirituel Chinonais, du nom de Claude Quillet, écrivain et poète, se trouvait un jour à Loudun au moment où le diable, par la bouche d'une possédée, promit d'enlever jusqu'à la voûte de l'église, l'incrédule qui oserait nier la possession. Quillet releva aussitôt le défi, et, devant toute l'assemblée, somma le diable de tenir sa parole. Ce dont le diable se trouva tout déconfit ; mais Quillet ne le fut pas moins, lorsque, le jour même, Laubardemont l'eut décrété de prise de corps. Quillet jugea avec raison que l'air de France ne lui valait rien et se réfugia en Italie où il reçut les ordres. Il n'en revint qu'après la mort du Cardinal [2].

---

1. Legué, p. 183 et 232. — Aubin, 1693, p. 136.
2. Aubin, 1716, p. 286. Quillet est l'auteur d'un poème latin assez curieux qui fut publié sous ce titre : *Calvidii Lœti Callipœdia, sive de pulchræ prolis habendæ ratione.* Th. Jolly, 1655, *la Callipédie, ou la manière d'avoir de beaux enfants ;* sujet un peu spécial pour un ecclésiastique.

Après l'exécution de Grandier, Barré continua à Chinon le scandale des exorcismes.

Si bien qu'enfin les évêques de Nîmes, de Chartres, d'Angers, et le cardinal-archevêque primat de Lyon, s'étant réunis à Bourgueil en novembre 1634, firent comparaître Barré devant eux, et après l'avoir sévèrement admonesté, signalèrent au roi l'urgence qui s'imposait de mettre fin à ces dangereuses pratiques.

Le roi Louis XIII écrivit aussitôt à l'archevêque de Tours d'avoir à *interposer son autorité vis-à-vis le nommé Barré, curé de Saint-Jacques de Chinon..., qui, contre toutes sortes d'avis et conseils raisonnables, exorcise quantité de filles et de femmes de Chinon, lesquelles ne sont point possédées..., 19 décembre 1634*[1].

On a peine à croire que l'archevêque de Tours ait éludé cet ordre pourtant si formel. Barré poussa l'audace jusqu'à faire accuser, par les diables qu'il faisait si bien parler, un prêtre du nom de Santerre, qui était curé de Saint-Louans et chanoine de Saint-Mexme[2].

Celui-ci prit mal la chose et se pourvut devant le Parlement contre Barré et les prétendues possédées. Mais Laubardemont, qui avait été nommé Intendant pour le roi des trois provinces d'Anjou, Maine et Touraine, évoqua l'affaire devant lui, et Barré se crut plus que jamais sûr de l'impunité (mars 1636).

1-2. Aubin, p. 284, 304, 367 et suiv.

Ces faits déplorables se prolongèrent jusqu'en 1640 où Barré se perdit par une dernière extravagance. Une fille Beloquin, exorcisée par lui, accusa un prêtre du nom de Giloire d'avoir commis avec elle un acte obscène et sacrilège, dans l'église et sur l'autel même.

Sur la plainte du curé Giloire, le coadjuteur de l'archevêque de Tours se rendit à Chinon et procéda à une enquête sérieuse. La supercherie fut découverte, et une requête d'information fut prise contre toutes personnes mêlées aux faits de possession.

Mais le Cardinal ne voulait plus entendre parler de procès de ce genre. Il pensait très judicieusement qu'un débat sur les fausses possessions eût été de nature à faire douter qu'il y en eût de vraies, et à suggérer des réflexions au moins inutiles sur le procès de Grandier. D'autre part, certaines des prétendues possédées appartenaient à des familles considérables, telle la fille du sieur Chesnon, conseiller au baillage.

Bref, l'affaire fut arrêtée. On enferma les possédées pour le reste de leurs jours. Barré, privé de sa cure et de sa prébende, fut relégué au Mans, dans la cellule d'un couvent où il mourut ignoré ; et jamais, depuis, on n'entendit parler de diables à Chinon.

Un illustre Chinonais, André Duchesne, conseiller du roi et historiographe de France, né à l'Isle-Bouchard en 1584, mourut le 30 mai 1640 d'une chute qu'il fit du haut d'une charrette, un jour qu'il surveillait certains travaux à la campagne. Duchesne a été le premier et le plus fécond des historiens modernes. Il a laissé une œuvre colossale que son fils François a classée et complétée, et que l'on consulte encore de nos jours.

Le Cardinal mourut à Paris le 4 décembre 1642, à l'âge de cinquante-sept ans ; sans être jamais venu dans cette maison de Richelieu qu'il avait fait édifier, orner et meubler avec tant de sollicitude, et où, sans doute, il se proposait de venir, en sa vieillesse, se reposer parfois de ses glorieux labeurs, au milieu de ses familiers et des beaux esprits de sa cour[1].

Aux termes de son testament, le duché-pairie de Richelieu passa à son petit-neveu Armand de Vignerot, fils de François de Vignerot, seigneur de Pont-Courlay, à charge de substitution perpétuelle au profit de l'aîné des mâles.

Le nouveau duc n'ayant que quatorze ans, la duchesse d'Aiguillon, nièce du cardinal, avait, par

1. Il avait eu une entrevue avec le prince de Condé à Richelieu, le 6 octobre 1627 et n'y revint plus (duc d'Aumale, *Hist. des Princes de Condé*).

une disposition expresse du testament, l'administration de sa personne et de ses biens [1].

On apprit presque en même temps à Chinon, la mort du roi et la victoire de Rocroy (14-19 mai 1643).

Des soldats espagnols prisonniers, au nombre de cent cinq, furent envoyés à Chinon pour être détenus au Château. Ils y restèrent jusqu'au 6 octobre 1646, sauf trente-quatre qui avaient réussi à s'évader [2].

Les agitations de la Fronde semblent avoir été indifférentes aux Chinonais, ou du moins il n'apparaît pas qu'elles aient été la cause du désaccord assez aigre qui se produisit entre les habitants de la ville et M. de la Brosse gouverneur du Château au mois de mars 1649. On ne sait pas exactement si l'effervescence de la population fut provoquée par quelque maladresse du gouverneur, ou si, au contraire, certaines mesures prises par celui-ci et que les habitants jugèrent comminatoires, avaient été motivées par des troubles. Les Chinonais étaient peu soucieux de voir renforcer la garnison et amener des approvisionnements de guerre au Château. Ils craignaient sans doute d'avoir à satisfaire à des réquisitions qui n'étaient pas toujours exactement payées.

1. Aubery. *Histoire du cardinal de Richelieu,* 1660.
2. Archives municipales, série HH., années 1643-1646.

Nous voyons en effet, par les registres de l'hôtel de ville, qu'en 1646, le corps de ville avait dû intenter des poursuites contre le sieur de Rochefort pour obtenir paiement des fournitures qui lui avaient été faites au mois de septembre 1616, lorsqu'il était gouverneur du château pour le prince de Condé [1].

Pour enlever à M. de la Brosse tout prétexte à intervenir dans la police locale, les habitants créèrent une milice bourgeoise. L'occupation du Château par les troupes royales fut de courte durée. Le jeune roi Louis XIV y mit de nouveau garnison au mois de mars 1652, et avisa le corps de ville de cette décision par une lettre datée de Saumur le 6 mars [2].

Ce fut encore M. de la Brosse qui fut nommé gouverneur.

Puis, le Château perdit par non usage, son caractère de forteresse royale et fut abandonné au duc de Richelieu.

La révocation de l'Édit de Nantes, qui ruina la ville de Loudun, n'eut pas d'effet bien sensible dans le Chinonais, où il n'y avait plus qu'un nombre infime de protestants. Dans un document cité par M. Dupin de Saint-André [3] nous trouvons pourtant cette mention : *Le 26 may 1700, on a saisy le tiers*

1. Voir note 2 page précédente; et série B.B. 7, 20 mars 1649.
2. Archives municipales, B. B., 8.
3. *Histoire du protestantisme en Touraine*, p. 296.

de la terre du Marais, située paroisse d'Antoigny,
élection de Chinon, lequel tiers peut valoir cinq cents
livres de rente, appartenant au sieur Bonnard de
Seligny, seigneur de Grand'Maison, religionnaire
fugitif.

Nous savons par l'annotation de Gaignères au bas
de son estampe de 1699, qu'à cette date, le duc de
Richelieu, père du maréchal, avait ordonné la démolition du château. C'est sans doute dans les premières année du xviiie siècle, qu'il fit raser la Grande
Salle où Jeanne d'Arc avait reçu audience. Il ne
subsista plus des appartements royaux que des pans
de murs avec leurs hauts pignons triangulaires sans
toits ni charpentes, tels que nous les voyons aujour-
d'hui.

Le duc, et après lui son fils, l'illustre maréchal
ami de Voltaire, qui l'avait surnommé l'Alcibiade
français, évitèrent pendant longtemps de froisser
par leurs prétentions seigneuriales, les habitants de
Chinon, qui, de leur côté, leur prodiguaient volontiers les formules de soumission et de respect.

En 1734, lorsque le duc de Richelieu qui était veuf
depuis longtemps, se remaria avec Mlle de Guise, il y
eut, le 4 mai, une assemblée des habitants *en laquelle*
a été proposé qu'il serait, au sujet du mariage de
Mgr. le duc de Richelieu, seigneur et proprié-
taire de la ville et chasteaux de Chinon et autres

domaines y attachés, écrit une lettre et fait un feu
de joye et les canons tirés [1].

Mais, en 1774, le maréchal fit mettre une litre à ses
armes sur l'extérieur des murs de Saint-Maurice.
La *litre* consistait dans une bande de velours sur
laquelle était peint l'écusson du seigneur. Ce droit
n'appartenait qu'au seigneur haut-justicier, mais non
à celui qui n'avait acquis du roi la haute-justice qu'à
titre d'engagement [2].

C'était donc là de la part du maréchal, la manifes-
tation d'une prétention à la pleine propriété seigneuriale.

Cette même année, il obtenait par lettres patentes
datées du 23 avril divers avantages tels que la
décharge des frais de justice, de l'entretien des prisons, de l'auditoire et des ponts dormants, qui pourtant, dans l'acte d'échange avec la princesse de Conti,
avaient été mis expressément à la charge de la
princesse et de ses ayants droit.

Par arrêt du Conseil supérieur de Blois du 21 juin
1734, il fut ordonné qu'avant de faire droit à la
demande d'enregistrement desdites lettres, elles
seraient communiquées au corps de ville de Chinon
pour qu'il fît les observations qu'il jugerait à propos.

La délibération du 1er août 1774, après l'exposé
fait par M. Caillault, receveur des deniers, est fort
curieuse. Il y est exposé : que la ville ne peut être

1. Archives municipales, B. B. 18.
2. Dumoustier, sur Chinon. *Dictionnaire de Droit et de*
Pratique, 1755. V. **Litre.**

tenue de semblables dépenses pour lesquelles le duc
de Richelieu retient les droits utiles..., qu'en se faisant accorder une justice domaniale qui créait un
nouveau degré de juridiction, il diminuait les droits
du baillage et multipliait les frais de justice..., que
la concession qui lui était faite des droits honorifiques
dans l'église Saint-Maurice diminuait les avantages
de la ville *qui a toujours été royale et que tous les
habitants ont intérêt de voir maintenir sous l'autorité immédiate du roy*... Il fut décidé en consé-
quence de former opposition à l'enregistrement des
lettres patentes devant le Conseil supérieur du roi.

Cette délibération si précise et si juridique est
signée : Desfrenais, Caillault, Duclos, Bruneau,
Minot, greffier [1].

Le maréchal poursuivit devant le Parlement le
débouté de cette opposition ; mais il faut croire que
le succès de ses prétentions était fort douteux, car
il lui fallut obtenir du corps de ville un désistement

Qui donc aurait osé résister au tout puissant
maréchal, gouverneur de Guyenne, premier gentilhomme de la Chambre du roi ? Les officiers du
corps de ville, dans une délibération du 23 décembre
1778, firent amende honorable, et eurent le triste
courage de désavouer leurs prédécesseurs dans les
termes les plus blessants. Ils n'hésitent pas à déclarer
que *l'opposition est douteuse, hasardée, surpre-
nante, irrégulière en la forme, ni réfléchie, ni solide*

1. Archives municipales. B. B. 26.

au fond...la maison de ville n'ayant jamais entendu contester à M. le maréchal de Richelieu et à son illustre maison, tous droits de propriété et seigneurie du domaine, ville et comté de Chinon..., et pour l'entretien de l'auditoire et des prisons, ne pouvant mieux faire que de s'en rapporter à la justice, générosité et protection de M. le maréchal de Richelieu.

Cela est signé : Chesnon de Baigneux, Pallu-Delessert, Laporte, Mollandin, Mingot, greffier[1].

Le maréchal mourut en 1788. De son vivant, son fils Louis-Antoine portait le titre de duc de Fronsac, et son petits-fils, Armand-Emmanuel s'appelait comte de Chinon. Le duc Louis-Antoine mourut en 1791. Armand-Emmanuel a été le dernier des du Plessis-Richelieu. Il fut ministre et pair de France sous la Restauration.

1. **Archives municipales, B. B. 26.**

CHAPITRE XIII

La Cité chinonaise sous la monarchie. — Les Maires et les élus. — Juridiction de l'hôtel de Ville. — Organisation judiciaire. — Le Bailliage et le présidial. — La Prévôté. — Complications de procédures et de compétences.—L'Élection et le Grenier à sel. — La Contrebande du sel entre Châtellerault et Chinon par la Vienne. — De quelques juridictions spéciales. — Les Épidémies à Chinon.— Etablissements religieux et hospitaliers. — L'Instruction publique est négligée.

Nous avons vu que les premières délibérations du corps de ville qui soient mentionnées aux archives municipales datent du mois de septembre 1568. Elles étaient présidées par Jean de la Barre, lieutenant général du bailliage et maire. Dans le principe ce cumul avait été prohibé par un édit du roi Henri II. du mois d'octobre 1547 [1].

Jean de la Barre paraît avoir été le premier maire élu. Louis XIV, par un édit d'avril 1692, transforma cette fonction en office à titre héréditaire. Il était créé en même temps des offices d'assesseurs ; puis,

1. *Recueil des Règlements et Recherches sur la municipalité*, **Paris, chez Prévôt et Méquignon, 1784, t. I, p. 333.**

en mai 1702, des offices de lieutenants de maire et
d'assesseurs, et, en janvier 1704, on érigea en offices
jusqu'aux emplois des concierges des hôtels de
ville.

Tous ces offices étaient concédés à prix d'argent
et trouvaient aisément des acquéreurs. On multipliait ces créations suivant les besoins du Trésor.
Ils furent supprimés et rétablis à plusieurs reprises
jusqu'à la Révolution. Quand on les supprimait,les
habitants des villes étaient tenus de rembourser les
titulaires dépossédés. On se procurait de nouvelles
ressources en les rétablissant [1].

A Chinon, le premier maire à titre héréditaire fut
le sieur Perrault d'Espaisses, nommé par commission royale transcrite sur les registres de la maison
commune le 17 janvier 1693 [2]. Le maire et les élus
formaient la juridiction de l'hôtel de Ville, dont les
attributions comprenaient la surveillance des rues,
des marchés, des auberges, des maisons qui menaçaient ruine,des attroupements,des prix des viandes
et denrées, l'établissement des rôles de contributions, les logements des gens de guerre, etc. [3].

La vie municipale était très active. Les habitants
participaient directement à la gestion des affaires
communes. Ils étaient convoqués à son de cloche en

1. *Ib.*, t. II, p. 73. — Dumoustier de la Fond ; sur Loudun.
Poitiers, 1778.

2. De Cougny, *Chinon et ses environs.* Tours, 1898, p. 509,
— Grimaud, *Inventaire des Archives*, Liste chronologique
des maires.

3. *Recherches sur la municipalité*, t. II, p. 282 et s.

assemblée générale toutes les fois qu'il y avait quelque mesure importante à prendre, et prenaient part à la discussion et à la délibération avec les officiers du corps de ville.

L'organisation de la justice était compliquée au delà de tout ce qu'on peut imaginer.

Jusqu'au commencement du xive siècle, les trois provinces d'Anjou, Maine et Touraine ne formaient qu'une seule sénéchaussée et n'avaient qu'une coutume.

En 1323, le bailliage de Touraine fut distrait de la sénéchaussée d'Anjou et il se forma peu à peu un droit particulier. Les usages locaux furent codifiés en 1460, et confirmés par lettres patentes en février 1461 [1].

Il y eut plusieurs réformations dont la dernière est du 14 juillet 1559.

Le bailliage de Chinon fut créé par ordre de François Ier en mai 1544. Sa juridiction s'étendait sur cent et quelques paroisses. Ce corps judiciaire comprenait un nombreux personnel : lieutenant général, dix conseillers, lieutenants civil et criminel, lieutenant particulier, avocat et procureur du roi, substituts, greffiers, huissiers, sergents, douze procureurs, des notaires royaux, des avocats au bailliage et en Parlement. Depuis François Ier toutes les charges de judicature

1. *Droit général de la France et Droit particulier à la Touraine et au Loudunois*, par Cottereau fils, avocat. **Tours, 1778, n° 83 et suiv.**

étaient vénales, mais l'acquéreur ne pouvait être admis sans lettres de provision du roi.

En mars 1551, il fut créé dans chaque bailliage, un présidial qui ne formait qu'une seule compagnie avec le bailliage, et dont la compétence était restreinte à deux cas déterminés par l'édit. Mais les appels rendus pour les affaires attribuées au présidial étaient portées devant le présidial de Tours, tandis que les causes du bailliage ressortissaient au Parlement de Paris.

Il y avait en outre des juges prévôts dont les charges furent supprimées par d'Aguesseau en 1749 pour éviter les conflits de juridiction qui se produisaient entre eux et les officiers des bailliages[1].

Ajoutons à cette nomenclature la justice de la baronnie de Chinon et toutes les justices seigneuriales du ressort, dont les sentences, suivant les cas, étaient déférées par l'appel, soit au juge prévôt, soit au bailliage ; et, si l'on réfléchit qu'un litige de médiocre importance pouvait nécessiter quatre degrés de juridiction, on se fera une idée approximative de l'inextricable maquis où se débattaient les plaideurs.

La juridiction administrative était plus simple.

Au premier degré nous trouvons le tribunal de l'élection. Les élus sur le fait des aydes, faisaient la répartition de la taille, et, par une confusion de pouvoirs regrettable, jugeaient de toutes matières et

---

1. Dumoustier, sur Chinon, p. 173, et sur Loudun, 2° partie, p. 57.

contestations relatives à la taille, aux aydes, gabelles, décimes et subsides de toute nature.

Leurs charges avaient été transformées en offices dès le xiv° siècle.

La ville de Chinon était ville tarifée. C'est-à-dire qu'elle avait été autorisée à convertir le recouvrement de la taille en droits de tarif payables aux entrées [1].

Les élus connaissaient au criminel, des contraventions et délits en matière fiscale.

Sous Louis XIII, par un édit de décembre 1629, les gabelles furent distraites de l'élection et attribuées à une juridiction spéciale dite du grenier à sel. Restituées à l'élection en 1685, elles en furent à nouveau séparées en 1694.

Les sentences de l'élection et du grenier à sel relevaient en appel, suivant la nature du litige, soit de l'Intendant de Tours, soit de la Cour des aydes de Paris [2].

L'élection comprenait : président, lieutenant, deux élus, un procureur du roi, un greffier, deux huissiers ; et le grenier à sel : président, receveur-grenetier, contrôleur, procureur du roi, un greffier, deux huissiers.

La législation sur le sel était d'une incroyable rigueur. La contrebande était punie à la première récidive des galères pour six ou neuf ans [3] !

1. Cottereau, précité, n° 217.
2. Dumoustier, sur Chinon, p. 176. *Dictionnaire de Droit et de Pratique*, 1755. Paris ; V. Élection.
3. Cottereau, n° 278.

Jusqu'en 1634, le trafic clandestin du sel se faisait par bateau entre Châtellerault et Chinon dans
des proportions telles que les fermiers des gabelles
furent obligés de recourir à des mesures extrêmes
pour la réprimer.

Châtellerault était, en effet, pays de franc-salé ;
c'est-à-dire exempt de la gabelle. Au xvi° siècle,
sous le roi Henri II, la Guyenne et le Poitou
s'étaient rédimées de cet impôt moyennant la
somme, énorme pour l'époque, de un million six cent
cinquante mille livres. Affranchis de tout contrôle,
les Châtelleraudais fournissaient en fraude du
sel à la Touraine, et leurs élus du corps de ville
furent eux-mêmes soupçonnés non seulement de
favoriser la contrebande, mais de la faire pour
leur compte. Un commissaire spécial de la Cour
des aydes, M. de Bragelonne, fut envoyé à
Chinon, d'où il édicta, au mois de janvier 1635, un
règlement des plus rigoureux aux termes duquel un
grenier à sel fut établi à Chatellerault et les franchises de la ville supprimées. Ce changement pro-
voqua par la suite, dans la ville de Châtellerault des
troubles qui furent réprimés par des condamna
tions impitoyables, heureusement tempérées,
quelque temps après, par une amnistie [1].

Nous mentionnerons sommairement certaines
juridictions spéciales et leur personnel :

Les prévôts des maréchaux de France, pour les

1. Dumoustier, sur Chinon. — Abbé Lalanne, *Hist. de
Châtellerault*, 1859, t. II, p. 153.

cas dits prévôtaux ; rixes, désordres des gens de guerre, vols sur les grands chemins, etc... Personnel : un lieutenant de maréchaussée, sergents et archers.

La juridiction du point-d'honneur : un lieutenant des maréchaux de France, un conseiller rapporteur, un secrétaire, un greffier. La maîtrise des eaux et forêts : maître, lieutenant particulier, procureur du roi, garde-marteau, receveurs des amendes, huissier audiencier, gardes-forestiers et gardes-pêche [1].

Enfin la juridiction ecclésiastique qui comprenait : un prêtre gradué représentant l'évêque et qu'on appelait official, un promoteur ecclésiastique, un greffier, des procureurs, des appariteurs et un geôlier [2].

A propos de la contrebande du sel, nous avons parlé incidemment de la navigation de la Vienne. D'après les archives de la ville, il se faisait par bateau un trafic important.

En 1609, le Clain, en amont de Châtellerault avait été canalisé, et les gabarres pouvaient remonter de Nantes à Poitiers sans rompre charge. Malheureusement les grandes entreprises du cardinal de Richelieu, les désordres de la Fronde, la construction du canal du Languedoc, furent autant de causes qui firent négliger l'entretien des écluses du

1. Dumoustier, sur Chinon.
2. Cottereau fils, n°ˢ 1637, et s., 1767-1773.

Clain, et à partir de 1670, les bateaux ne remontaient plus au delà de Châtellerault [1].

Dans la première moitié du XIXe siècle, le trafic de la Vienne à Port-de-Piles, au confluent de la Creuse, atteignait encore bon an mal an quinze mille tonnes [2].

Aujourd'hui il est à peu près nul, la Loire ayant cessé d'être navigable. Le projet chimérique de la Loire navigable semble n'avoir été envisagé par ses auteurs que comme un prétexte à congratulations réciproques, promenades sur l'eau pendant les beaux jours, réceptions, banquets, et décorations.

A Chinon, la Vienne servit trop souvent de véhicule aux épidémies. Les archives municipales démontrent que les habitants et leurs élus vivaient obsédés par la hantise de la contagion. Presque tous les ans, et plusieurs fois par an, des mesures de défense sont prescrites contre cette contagion qui n'est pas désignée d'une manière plus précise, mais qui devait être une sorte de fièvre typhoïde d'une extrême virulence [3].

L'hygiène était fort négligée. Les habitations

1. *De la navigation du Clain...*, par M. Boncenne. Poitiers 1807.
2. Après l'établissement de la ligne ferrée, il diminua immédiatement de moitié. En 1853, il fut seulement de 8.373 tonnes ; Rapport au Conseil général de la Vienne du 21 août 1854.
3. Archives municipales, années 1583,1585,1589,1630,1633 1639.

entassées dans un étroit espace entre le coteau et le mur d'enceinte, manquaient d'air et de verdure. Et comme les rues principales sont orientées de l'est à l'ouest, elles manquaient également de soleil ; celles qui faisaient face au midi étant masquées par les maisons qui avaient leur façade tournée vers le nord.

Les plus rapprochées de l'enceinte s'arcboutaient au rempart par leur étage supérieur et formaient ainsi par endroits une rue souterraine, réceptacle de tous les immondices. Tous les cloaques s'écoulaient à la Vienne qui, par infiltrations, contaminait les puits. A plusieurs époques, la mortalité fut effrayante et le personnel manqua pour soigner les malades.

Il y avait depuis le xiie siècle, deux maladreries à Chinon, l'une à saint Lazare, et l'autre, consacrée à saint Jean, sur le coteau de Saint-Mexme[1].

On comptait plusieurs établissements religieux et hospitaliers.

Le couvent des Augustins datait du xive siècle. C'est aujourd'hui la sous-préfecture. Les Capucins avaient fondé une maison en 1604 entre le vieux marché et Saint-Louans. Cette maison n'existe plus.

Des religieuses de l'ordre du Calvaire d'Angers furent installées à l'hospice en 1626. Puis ce furent les Ursulines qui acquirent en 1632 une maison place de la Parerie et s'établirent peu après au faubourg

---

1. De Cougny, *Chinon et ses environs.*

Saint-Jacques [1]. Nous citerons encore les dames de l'Union Chrétienne qui s'occupaient de l'instruction des jeunes enfants,et les religieuses de Saint-Augustin qui soignaient à domicile les malades indigents.

Ces communautés subsistèrent jusqu'à la Révolution.

Il existait dans la rue aboutissant au pont, et joignant le pont, une chapelle dite chapelle de Notre-Dame-du-Pont, qui fut vendue comme bien national et démolie.

Elle avait été construite en 1343. Par une charte du 11 juillet de cette même année, le sieur Pierre de Marmande, seigneur de la Roche-Clermault, et Isabelle de la Haye sa femme, avaient fondé pour cette chapelle quatre chapellenies perpétuelles dotées de quatre-vingt septiers de froment à la mesure de Chinon et vingt livres, *sçavoir vingt septiers et cent sols pour chaque chapelain* [2].

L'instruction populaire était fort négligée. M. de Cougny a dressé d'après les registres de la paroisse Saint-Étienne, de 1651 à 1661, un tableau des personnes des différents corps d'état qui figurent sur ces registres comme ayant signé, ou ayant déclaré ne le savoir. La proportion des illettrés est lamentable. Sur cinq cent soixante-deux commerçants,

1. Archives d'Indre-et-Loire, série H, n° 837.
2. *Cartulaire de l'Archevêché*, t. I, p. 273.

industriels et ouvriers, deux cent soixante-dix-huit ont déclaré ne savoir signer !

Sans doute, M. de Cougny fait observer que parmi ceux-ci, quelques-uns peut-être savaient lire ; mais on doit croire aussi que parmi ceux qui ont pu tant bien que mal figurer les lettres de leur nom, il s'en trouvait probablement qui ne savaient pas lire.

Cet auteur distingué, dans ses notices et dans son livre, s'est montré si obstinément *laudator temporis acti*, qu'il ne faut pas s'étonner s'il s'est abstenu d'insister sur ce point et de faire remarquer que notre époque a tout de même réalisé quelque progrès.

Il y eut un collège royal à Chinon dès 1578; le Principal était élu par le corps de ville. Les bâtiments étaient situés là où se trouve le collège actuel. En 1705 la direction du collège fut confiée aux Pères Augustins qui laissèrent les bâtiments tomber en ruines.

L'instruction d'ailleurs y était médiocre ; si bien que la ville dut en reprendre la direction qui fut confiée à un prêtre bachelier en théologie (23 décembre 1722). On y annexa une école pour les enfants pauvres [1]. Plus tard la ville abandonna l'administration du collège à l'archevêque de Tours. En 1791, il devint collège national.

Il y avait également, avant la Révolution, un collège à Bourgueil et un autre à l'Isle-Bouchard [2].

---

1. E.-H. Tourlet, *Hist. du collège de Chinon*, Chinon, 1904. Archives de la ville, serie B.B.
2. Archives d'Indre-et-Loire, série D. n° 7.

Chinon dans les dernières années de la monarchie avait une garnison de cavalerie. En 1783, c'était le régiment d'Orléans, qui avait pour mestre de camp commandant M. le marquis de Clermont-Gallerande, brigadier, décoré de l'ordre de Saint-Louis. L'uniforme était du dernier galant : habit gris blanc ; parements, doublure et revers rouges ; boutons jaunes ; galons à la livrée d'Orléans.

Le temps était proche où la guerre en sabots allait se substituer à la guerre en dentelles [2].

1. Archives d'Indre-et-Loire, série D., n⁰ˢ 9 et 10.
2. *Etat militaire de France pour 1783*, cité par M. Bazile dans *Chinon-Touraine*, n° de novembre 1909.

LA RÉVOLUTION

CHAPITRE XIV

Les Cahiers du tiers-état de Chinon, et les doléances, plaintes et remontrances des corporations. — Proclamation de la Patrie en danger et enrôlements volontaires.— Les Églises fermées.— La guillotine est amenée de Tours à Chinon, mais reste heureusement inutilisée.—Les Vendéens s'emparent de Chinon et l'occupent pendant onze jours.— Querelles entre la municipalité et le district. — Le général Rey, commandant divisionnaire à Chinon, reçoit du bataillon des volontaires chinonais, un brevet de sans culottisme —Massacre d'environ trois cents suspects sous les murs du château. — Vaines protestations des Chinonais contre les assassins. — Chesnon de Baigneux, maire et d'autres notables, détenus à Paris comme suspects, sont sauvés par l'événement du 9 thermidor.— Le duc de Richelieu porté sur la liste des émigrés en est rayé en 1801. — La Ville de Chinon, malgré certaines transformations nécessaires, a gardé presque intact, le décor du passé.

Le 27 février 1789, il y eut à la maison de ville de Chinon une réunion des délégués du tiers état sous la présidence du maire, Chesnon de Baigneux David, pour la rédaction du cahier des doléances qui devait être soumis aux États Généraux. Voici quel était le programme de gouvernement et d'administration élaboré par les représentants du tiers état de Chinon : retour périodique des États Généraux tous les cinq ans, sans convocation ; vote par tête et non par ordre ; impôt proportionnel aux facultés de chacun et consenti par les États Généraux, sous peine de concussion contre ceux qui percevraient des contributions illégales ; formation d'États provinciaux renouvelables tous les trois ans, où les députés du tiers état seront en nombre égal à ceux des deux autres ordres, sans que les nobles soient admis à représenter le tiers, et vote par tête ; révision sévère des titres de noblesse qui devront être corroborés par une possession centenaire, et ne pourront être concédés désormais qu'en récompense du service militaire, du mérite et de la vertu dans tous les états ; l'usage des lettres de cachet sera restreint aux seuls cas intéressant la sûreté de l'État ; enfin, — et ce vœu est évidemment motivé par la situation particulière des habitants vis-à-vis du duc de Richelieu, — Sa Majesté rentrera dans ses domaines aliénés à quelque titre que ce soit, sauf remboursement aux possesseurs du prix de l'aliénation, et ces domaines ne pourront plus être donnés qu'à bail et pour une durée qui n'excédera pas trente ans.

On trouve dans le même carton des archives municipales, le cahier des « doléances, plaintes et remontrances des diverses corporations de Chinon » dont voici l'énumération :

Chirurgiens, médecins, drapiers et merciers, tailleurs, perruquiers, menuisiers, aubergistes, couvreurs, maçons, bouchers, charpentiers, pêcheurs, cordonniers, chapeliers, serruriers, notaires, procureurs, épiciers, ciriers, droguistes, selliers[1].

Il y eut douze députés pour le tiers état de Touraine, parmi lesquels deux Chinonais, le maire, Chesnon de Baigneux et Jacques-Pierre Bouchet, avocat.

Les habitants de Chinon s'étaient flattés que leur ville pourrait devenir le chef-lieu d'un des nouveaux départements créés par l'Assemblée nationale, mais elle fut seulement le chef-lieu d'un district.

La vie intérieure de la cité pendant la période révolutionnaire est fertile en incidents pittoresques; mais je ne puis retenir ici que ce qui est essentiel et caractéristique[2].

C'est à Chinon comme partout, le même enthousiasme du peuple à qui l'on découvre la Terre Promise; la même fièvre patriotique, quand on proclame la Patrie en danger; la même phraséologie déclamatoire; puis, comme partout, des élections locales mouvementées, les églises fermées, les noms des rues changés; un club, la Société des Amis de la Constitution parodiant le club des Jacobins, et de paisibles citoyens disant ou faisant des extravagances par peur d'être accusés de modérantisme.

Hâtons-nous de dire qu'il n'y eut de violences

1. Archives, série K. K.
2. Consulter pour plus amples détails H. Grimaud, *Chinon pendant la Révolution.*

qu'en paroles. La guillotine fut amenée à Chinon **en**
juillet par les délégués du Comité de Salut Public
Tallien et Tureau, mais on la renvoya à Tours **le**
23 septembre, et, pendant son séjour, la sinistre
machine fut discrète et ne fit pas parler d'elle [1].
Cependant, l'événement du 9 thermidor survint à
point pour sauver de l'échafaud quelques-uns des
notables de la ville.

Les Chinonais ont noblement payé leur tribut à
la défense nationale.

La liste des enrôlements volontaires *pour la*
défense de la Patrie et le maintien de la Constitution
commence le 28 juillet 1792, an IV de la Liberté, par
l'engagement de René Maffray, fils de défunt François Maffray, avoué, par devant Jacques-Michel
Lenoir, officier municipal. Elle contient soixante-sept
noms. Le dernier engagement est du 14 pluviôse an II [2].

Dans le même carton on trouve un volumineux
cahier sur la couverture duquel se lit, imprimée en
caractères majuscules, l'inscription suivante :

Liste des citoyens de la commune de Chinon qui
défendent et qui ont défendu la Liberté française,
depuis le commencement de la Révolution jusqu'à
ce jour 10 prairial an IV de la République fran-
çaise une et indivisible, époque à laquelle la fête des
Victoires et de la Reconnaissance est célébrée en
leur honneur.

---

1. Archives, 1793, B. 33.
2. Archives. Série H. H. Affaires militaires, recrute-
ment, etc., de 1792 à 1811. Première liasse.

Cette liste comprend 135 noms accompagnés d'annotations dont quelques-unes sont intéressantes :

Nous apprenons ainsi la présence sous les drapeaux des quatre frères Coulon, *leur père est un vieillard peu fortuné, infirme et vertueux*, trois frères Prieur, trois frères Boucaut, trois frères Buard-Pironneau, deux frères Vinsonneau, deux frères Viau, fils de Marc Viau et d'Anne Matrais. Citons encore certains noms que les Chinonais d'aujourd'hui retrouveront avec plaisir dans ce Livre d'or du patriotisme : Delaunay, Dufresne, Loiseau, Lemaître, Moreau, Julienne, Massacry, Deshaies-Fournier, Boisnier, Primault, Boisard, Beugnet, Suard, Piquet, Guérinet, Juette, David, Massol, Angeliaume, etc... [1].

La proximité du théâtre de la guerre civile fit de Chinon, pendant l'année 1793, une place d'une certaine importance, comme du temps où les rois de France bataillaient contre les barons du Poitou.

Déjà, pendant l'été de 1792, il y avait eu entre Bressuire et Châtillon quelques échauffourées qui avaient été promptement et rigoureusement châtiées. Un détachement de la garde nationale de Chinon avait été envoyé à Bressuire pour aider à la répression [2].

Lorsqu'en 1793, l'insurrection vendéenne parut tout à coup dangereuse, Tallien, qui présidait la délégation du Comité de Salut Public à Tours,

1. Voir note 2 page précédente.
2. Archives municipales. **B. 32.**

ordonna la création d'un corps d'armée qu'on appela l'armée de Chinon, et dont il donna le commandement à un officier d'une trentaine d'années, l'adjudant-général Gabriel-Vénance Rey.

Le 12 mai, après la prise de Thouars par les Vendéens, Tallien écrivait de Chinon : *Les actes du civisme le plus désintéressé se manifestent tous les jours. De respectables laboureurs viennent nous offrir non seulement l'excédent de leur blé, mais encore la portion qu'ils réservaient pour la subsistance d'eux et de leurs familles. Ils ne demandent même pas d'argent, leur seule peine c'est lorsque nous les refusons* [1].

Dans les premiers jours de juin, on apprit à Chinon la marche victorieuse de l'armée vendéenne sur Saumur. La ville était remplie de soldats de toutes armes, fuyards des combats de Montreuil, de Doué, de Vihiers.

Le 9 on entendit le canon. Le lendemain on apprenait que les Vendéens s'étaient emparés de la ville et du château de Saumur et avaient mis l'armée républicaine en complète déroute.

Le 12, au matin, une petite troupe de quatre cents Vendéens commandée par de la Bouère, Poirier de Beauvais et Forestier, flanquée d'une cinquantaine de cavaliers, se dirigea sur Chinon, tandis qu'un autre détachement sous les ordres du jeune Beauvolliers, prenait la direction de Loudun [2].

1. Chassin, *la Vendée patriote*. Paris, 1893, t. I, p. p. 294.
2. *Souvenirs de la comtesse de la Bouère*. Paris, 1890. — *Mémoires de Poirier de Beauvais.*

A Chinon, les administrateurs du district étaient partis dès le 10, et s'étaient réfugiés à Sainte-Maure. Le 11, le général Rey et son état-major firent retraite vers Tours, avec un millier d'hommes démoralisés qu'ils avaient pu rassembler. Le 12, dans l'après-midi, le conseil de la commune était en séance lorsque les Vendéens pénétrèrent en armes dans la ville. Pas un coup de fusil n'avait été tiré. Poirier de Beauvais se dirigea vers la maison de ville et entra dans la salle de délibérations. Il dicta ses ordres et réquisitions, et enjoignit aux membres du conseil de cesser leurs fonctions.

Le procès-verbal de cette curieuse séance est signé : Chesnon de Baigneux, Lemaître, Fonbeure, Picault, Chenault l'aîné, Debourdenoyers, Maurice, Degonne, Richard, Mingot [1].

L'occupation dura onze jours.

Poirier de Beauvais qui resta pour commander le détachement, était un des notables de la région, et possédait le petit domaine de Beauvais près de Ligré. Il veilla à ce qu'aucun attentat ne fut commis contre les personnes et les propriétés.

Les Vendéens se contentèrent d'abattre l'arbre de la Liberté, d'arborer le drapeau blanc sur les principaux édifices, et de brûler les registres de la Société populaire. Une autre perte fut plus sensible sur le moment. Ce fut celle des armes, munitions, grains et farines, qui tombèrent au pouvoir des Vendéens,

1. Archives communales. Série B, délibérations du 8 au 12 juin.

et qu'ils réussirent à évacuer par bateaux vers Saumur.

Les Vendéens, ayant, après beaucoup d'hésitations, résolu une attaque contre Nantes, rappelèrent le détachement de Chinon, et, le 23 juin, le capitaine Chambon, commandant un escadron du 8e hussard, arrivait par la route d'Azay et trouvait la ville évacuée [1].

Dès le lendemain les membres du district revenaient à Chinon. Ils accusèrent aussitôt les membres du conseil d'avoir pactisé avec les brigands !

Mais Chesnon de Baigneux et les autres conseillers ripostèrent en accusant les membres du district d'avoir fui : si bien que dans le doute, les autorités départementales prirent le sage parti de ne pas donner suite à des dénonciations qui, à cette époque, pouvaient avoir les pires conséquences.

Chesnon de Baigneux et ses collègues qui avaient été suspendus de leurs fonctions, étaient invités le 17 août à les reprendre ; et le 23 septembre les membres du district et ceux de la municipalité, réunis en séance extraordinaire, se réconciliaient dans une embrassade patriotique [2].

Le 18 juillet 1793, après la lamentable défaite du général Santerre à Vihiers, Chinon eut encore des inquiétudes. La Roche-Jacquelin avait poussé une avant-garde jusqu'à Loudun. A cette nouvelle les

---

1. *Vendée patriote*, t. II, p. 257. – Archives communales, série B, délibérations du 23 juin.
2. **Archives. Série B. du 13 au 28 juillet.**

représentants Tallien et Turreau vinrent de Tours à Chinon pour organiser la résistance. Ils furent logés chez le citoyen Poirier, homme de loi [1] (22 juillet 1793).

Mais quelques jours après, le gros de l'armée vendéenne fut rejeté au delà des Ponts-de-Cé, et la Touraine fut délivrée des appréhensions de la guerre [2].

Le général Rey qui avait déplu à l'inepte Rossignol, général en chef de l'armée des Côtes de la Rochelle, fut suspendu de ses fonctions le 30 septembre, et accusé de tiédeur civique ! mais les patriotes du district, que Rey avait organisés en bataillon, adressèrent à la Convention une pétition en faveur de Rey et de son brigadier Burac et leur décernèrent un brevet de sans-culottisme qui leur valut d'échapper au Tribunal révolutionnaire.

Notons sans commentaires, que le sans-culotte Rey se fit plus tard un titre de cette disgrâce près du gouvernement de la Restauration et fut créé par le roi Louis XVIII, baron et chevalier de Saint-Louis [3].

Pendant toute l'année 1793, la ville de Chinon reçut de nombreux détachements des troupes républicaines que le Comité de Salut Public envoyait rejoindre les armées de l'Ouest. Un ordre du district du 28 août, conservé aux archives municipales, relate la réception solennelle qui fut faite à l'héroïque

1-2. Archives, série B, du 13 au 28 juillet.
3. *Vendée patriote*, t. II, p. 574.

garnison de Mayence, que les Vendéens devaient
décimer à Torfou !

A la fin de cette même année, la ville fut attristée
par un déplorable événement. Le 2 décembre, à
neuf heures du soir, on évacua de Saumur sur Chinon
environ sept cents prisonniers détenus depuis
quelques semaines comme suspects. Le convoi
comprenait une soixantaine de charrettes, dans lesquelles on avait entassé les vieillards, les infirmes,
les femmes et les enfants. En tête marchaient les
prisonniers valides, liés deux à deux. L'escorte, de
deux cents hommes, était commandée par un nommé
Lepetit, membre du comité révolutionnaire de Saumur, et par un sieur Simon, son lieutenant.

Il neigeait et le froid était très vif. De Saumur à
Montsoreau sur un parcours de trois lieues, on
massacra dix-huit de ces malheureux qui ne pouvaient pas marcher. La colonne passa la nuit à
Montsoreau. Le lendemain à la pointe du jour on
repartit. A Candes, un paysan dit à un soldat, en
désignant un des prisonniers : « Voilà un ci-devant
qui a une bien belle redingote. — Veux-tu que je te
la vende? répond le soldat. — Combien ? — Un écu.
— Le voici. » Et, le soldat, payé d'avance, coupe
la corde qui attachait le prisonnier à un autre,
l'emmène à l'écart dans une petite ruelle, le tue, et
livre à l'acheteur la redingote avec le mort dedans.

Quelques autres furent tués dans le parcours de

Montsoreau à Chinon. En arrivant sur le pont, un jeune homme s'affaisse, incapable de faire un pas de plus. Malgré les généreux efforts d'un gendarme qui risqua sa vie pour le sauver, des soldats le jettent par-dessus le parapet. et comme il savait nager et se maintenait sur l'eau, ils lui tirent des coups de fusil jusqu'à ce qu'il s'enfonce [1].

Une partie des prisonniers fut logée dans le couvent des Ursulines, faubourg Saint-Jacques. Ceux qui allaient à pied furent enfermés dans l'église Saint-Mexme. Le lendemain, mercredi 4 décembre, Lepetit organisa un premier convoi de ceux qui avaient passé la nuit à Saint-Mexme. A peine au sortir de la ville, il fit ranger ces malheureux contre les talus du château, et, sans qu'on ait jamais su pourquoi, en fit massacrer à coups de fusils, de piques et de baïonnettes environ trois cents [2].

1. *Relation du voyage des prisonniers transférés de Saumur à Bourges,* par Pierre-Philippe Le Mercier de la Rivière, chanoine de Candes en 1792. Il était un des prisonniers faisant partie du convoi. Son manuscrit, publié en 1868 dans une revue angevine, a été publié à nouveau, avec des annotations, dans le numéro de *l'Anjou historique* de décembre 1909, sous ce titre : *les Prisonniers saumurois transférés à Bourges,* (1793-1794).

2. Archives communales, série B., 34. 13 frimaire an II. Le registre municipal mentionne l'arrivée de 342 prisonniers, et 46 suspects. Le premier chiffre doit être exact ; il s'applique à ceux qui allaient à pied et qui furent conduits à Saint-Mexme. Le second est trop faible, et les autorités de la ville ont accepté sans contrôle les dires du commandant de l'escorte. Le chiffre de soixante charrettes indiqué par Le Mercier de la Rivière doit être véridique, et en admettant que vingt de ces charrettes aient été affectées au transport des approvisionnement, munitions, etc..., les quarante

Les Chinonais manifestèrent la plus violente indignation contre les misérables assassins qui déshonoraient l'uniforme, mais malgré les protestations de la municipalité et de la Société populaire, il n'apparaît pas qu'aucune sanction ait jamais été prise contre eux [1].

Les nouvelles du 9 thermidor furent accueillies à Chinon avec des transports d'enthousiasme. Chesnon de Baigneux et plusieurs de ses collègues avaient été arrêtés comme suspects un mois avant, et transférés à Paris où ils attendaient leur comparution devant le tribunal révolutionnaire.

Ils furent réinstallés à la maison de ville, et le même jour ils adressèrent à la Convention, une lettre de félicitations *pour avoir déjoué la conspiration de Robespierre !* [2].

La Société populaire n'avait pas mis moins de hâte à acclamer la chute et l'exécution de Robespierre, car dès le 13 thermidor, elle adressait à la Convenune lettre de félicitations commençant par ces mots : *Mort aux tyrans de toutes les couleurs !*

Les braves gens signataires de cette adresse étaient les mêmes qui, deux mois auparavant, le

autres ont dû amener au moins 200 personnes. D'autres relations et témoignages confirment le chiffre approximatif total de 700 prisonniers parmi lesquels il n'y avait qu'un nombre infime de prisonniers de guerre. Il en arriva à Bourges à peine 200 !

1. Archives, série B., 4 germinal an III. Série E., 6, brumaire, 1er frimaire et 23 germinal an III.

2. Archives, série B. 34, 13 thermidor, 4 et 9 fructidor an II. B. 35. 1er nivôse an III.

12 prairial, à la nouvelle d'un complot contre les terroristes, exprimaient à la Convention leur indignation à propos *des attentats commis par des scélérats contre Collot d'Herbois et Robespierre!* [1].

Le duc de Richelieu avait été porté sur la liste des émigrés et tous ses biens furent confisqués. Le 24 floréal an II, la commune de Chinon s'était rendue adjudicataire des halles pour trois mille cinquante livres [2], mais il est douteux que cette somme ait été jamais payée.

Le château avait été livré aux salpêtriers qui, malgré les prostestations de la municipalité y commirent de fâcheuses dégradations [3].

Le 27 nivose an VIII, on proclamait à Chinon la nomination de Bonaparte comme consul à vie.

Le duc de Richelieu rentra en France en 1801 et n'y resta que peu de temps. Il fut rayé de la liste

1. Archives, série E. Registre de la Société populaire, 12 prairial et 12 et 13 thermidor an II.

2-3. Archives, série B. 34. 24 floréal, 11 et 16 fructidor an II.

La fabrication des poudres était alors une des graves préoccupations du Comité du Salut Public. Il fut question un moment d'abattre une partie de la forêt de Chinon pour obtenir par combustion la potasse d'où l'on tirait le salpêtre Le représentant d'Indre-et-Loire, Pierre-Claude Nioche, proposa de faire couper plutôt les bruyères, joncs marins, fougères et genêts qu'il prétendait aussi riches en potasse que les arbres forestiers. Il réussit ainsi à sauver la forêt et fut préposé à la fabrication des poudres avec les chimistes Trusson et Nicolas Vauquelin.—*Biographie nouvelle. des contemporains*. Paris, Librairie historique, 1824, Nioche.

des émigrés et on lui restitua, avec son château de Richelieu, les biens qui avaient été mis sous-séquestre. Mais il n'avail pas une fortune suffisante pour réparer et entretenir la fastueuse maison édifiée par le cardinal. Elle fut vendue et démolie. Il ne réclama rien pour son ancien domaine de Chinon.

Qu'eût-il pu réclamer d'ailleurs? Il ne pouvait arguer d'aucun titre légal à la propriété foncière, et quant aux droits qui avaient fait l'objet de l'échange et que le cardinal avait payés soixante mille livres ils avaient été supprimés par la législation nouvelle et ne pouvaient donner lieu à indemnité ni à restitution.

Mon récit doit s'arrêter là. Après la Révolution, les petites villes n'ont plus d'histoire. Chinon du moins a gardé presque intact le décor du passé[1]. Sans doute, il a fallu pour le bien-être des habitants et l'assainissement de la ville, abattre le mur d'enceinte qui comprimait la ville contre le coteau. Le pont étroit et flanqué de demi-lunes en amont et en aval,

---

1. Il existe à Chinon une société, *Les Amis du Vieux-Chinon*, qui a recueilli déjà beaucoup de documents et de renseignements concernant l'histoire locale. On ne saurait trop louer de si fécondes initiatives.

Je dois en particulier des remerciements à M. Richard, conservateur des collections de la Société, pour avoir bien voulu mettre à ma disposition, sa très intéressante bibliothèque. G. R.

a été élargi et a perdu son aspect militaire. Mais derrière les blanches façades et les ombrages du quai, les rues et les habitations sont restées à peu près telles que Jeanne d'Arc les a vues.

Toute l'enceinte du château subsiste, avec ses tours, ses courtines, son escarpe, les hautes murailles du Grand-Logis. et l'énorme donjon du Coudray, qui, bien que découronné de sa toiture, domine cet entassement d'édifices qui fut la forteresse et la demeure des rois.

Le Château est classé parmi les monuments historiques.

Est-ce trop demander aux architectes des Beaux-Arts que de nous le conserver tel qu'il est; de remettre pieusement en place les pierres qui tombent ; de ne refaire que ce qui est essentiel pour la durée ; et de ne pas sarcler avec trop de rigueur cette végétation rustique de liserons fous, de lierres patients, de vignes vierges, de glycines, qui, du fond des douves, s'obstine à l'escalade de ces glorieuses murailles !

Surtout pas de grattages ni de restaurations sacrilèges qui porteraient atteinte à cette beauté définitive dont la nature se plaît à parer les ruines !

FIN

13.

TABLE DES MATIÈRES

—

LES ROIS PLANTAGENETS

LES ROIS DE FRANCE

LA RÉVOLUTION

PLAN

IMPRIMERIE JOUVE ET Cⁱᵉ, 15, RUE RACINE, PARIS — 1345-12

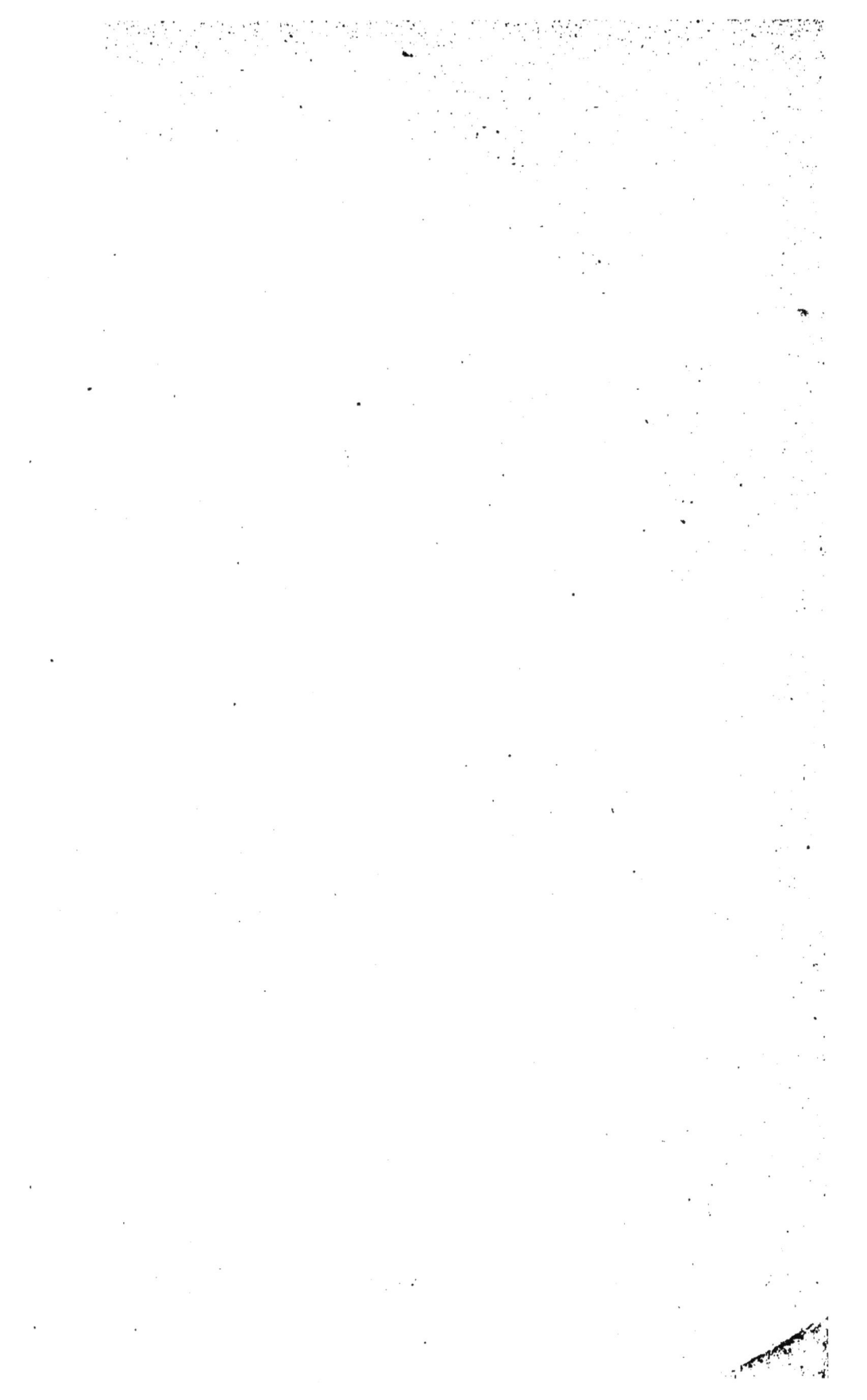

A LA MÊME LIBRAIRIE

www.ingramcontent.com/pod-product-compliance
Lightning Source LLC
Chambersburg PA
CBHW060028100426
42740CB00010B/1650